さるかに共和国建国宣言

多文化共生の若葉塾物語

笹山徳治

吉備人出版

さるかに共和国建国宣言

多文化共生の若葉塾物語

刊行に寄せて

ＡＭＤＡグループ代表　菅波 茂

笹山徳治氏は天才です。天才とは関心のあることに対する常軌を逸したエネルギーと行動が特徴です。その行動は社会の変革に不可欠な新機軸を打ち出す可能性があります。しかし、身の回りのことには無関心になり生活破綻者となりやすく世間の誤解を受けやすいのも特徴です。一方、世の中を動かすトップエリートの知遇を得ると大輪の花が咲きます。世の中は常識で理解できない人たちのことを変わり者と称します。変人、奇人そして天才です。天才を認めて遇しないことは結果として社会の大きな損失になります。日本に比べて、天才を遇する社会的意義を理解しているのが米国です。日本の天才は米国に流出し、日本は天才なき秀才の国です。天才を遇するためにはそれなりに資金力が必要です。米国は用意します。

人生の喜びとは意欲と能力に加えて機会を得て自己実現をすることであり、意欲とは歴史です。生い立ちのどこで何を思い、想いに対して何をしてきたのか。行為の積み重ねです。意欲なきところに能力形成はありません。ちなみに機会とはお金か社会的ポジションです。意欲と能力があるにもかかわらず機会が与えられないことを広義の差別と言います。

この本では笹山徳治氏の中国文化に対する、意欲形成の過程が時間の経過とともに克明に紹介されています。まだ豊かになる前の中国から来日した多くの青年のお世話をしています。何ゆえにそこまでするのか。常軌を逸しています。しかし、結果は膨大な人脈となっています。彼らの多くは母国で要職に就き活躍しています。尊敬の念を抱かざるを得ません。

中国文化の最も大切な倫理道徳は「義」です。「受けた恩を忘れずに恩に報いること」です。現在、日本と中国は経済的には緊密な関係にありますが、政治的には尖閣諸島の問題などで緊張関係にあります。今や、笹山徳治氏が人生をかけて創り上げた「義」の人間関係は日本の公共財産といっても過言ではありません。

一方、国際的に活動をすればするほど、自己のアイデンティティを育んでくれた故郷への想いは強くなります。笹山徳治氏にとっての故郷への恩返しは「さるかに共和国」です。中国文化と「さるかに共和国」への思い入れの両立に矛盾はありません。

笹山徳治氏のＡＭＤＡの中国における災害発生時の緊急救援活動に寄与していただいたことを挙げればきりがありません。中国で災害が発生すると、必ず笹山徳治氏に連絡をしました。「どうしたらいいだろうか」と。どんなに困難な状況でも「やりましょう」の一言で突破口を開いていただきました。「義」にもとづいた笹山氏の人脈が浮上するのです。笹山徳治氏のお世話した人たちが出世しているのです。まるで手品を見ているようでした。

笹山徳治氏は中国文化の神髄に触れている影響からだと思いますが、兵法を語らしても超一流です。兵法は政略、戦略そして戦術から成り立っています。すべては政略から始まります。政略とは誰と組むかです。これが決まれば戦略としてのグランドデザインが描けます。そのグランドデザインを個々に具現化するのが戦術です。中国は政略を得意とし、日本は戦術に凝ります。AMDAのスローガンは「救える命があればどこまでも」です。世界のどこまでも行けるために一番必要なのは組んでくれる相手が被災地あるいは被災地付近にいるかどうかです。即ち、政略の世界です。笹山徳治氏と災害緊急救援の話になると必ずこの点を助言してくれます。珍しく兵法の語れる日本人です。ちなみに、孫氏の兵法は人の心理面を透徹した戦術論が多いのが特徴です。日本人に愛好者が多い理由かと思います。

AMDAはまだまだ世界平和に寄与する災害救援活動のためのネットワーク形成途上です。世界の人口の25％は中国人です。中国文化に人生をかけて取り組まれてきた笹山徳治氏には今後もご指導をいただきたく思っています。

この書は笹山徳治氏の人生の歩みです。中国文化と中国人を理解できる稀有な記録でもあります。多くの人たちに参考の書として読み継がれることを期待します。

さるかに共和国建国宣言◎もくじ

第1章

生い立ち

金丸山形の歴史

私の生まれた広島県芦品郡新市町（現福山市）金丸山形は、晴れた日には四国の今治や因島、瀬戸内海の島々を遠く見渡せる中国山地の山並みに位置します。景勝地で、海抜５６４ｍの金比羅山のすそ野に広がる四十数軒あまりの集落で、葉たばことこんにゃくを主に生産し、棚田を活かした米作り、和牛の育成、山の資源を活かした炭焼き、国有林の山仕事の山師等で生計をたてるありふれた山村でした。

中世には山陰の山名一族による山陽備後への南下の軍事的要衝であり、江戸時代には石見銀山の脇街道でした。

戦国時代、金丸荘左衛門は田能城主として兵を率い、尼子経久の部隊の先陣を担い、山陰米子へ出兵。以後、備後新市地方の国人山城の主宮一族の拠点として、毛利元就と勢力を争いました。それが金丸の地名といわれています。

また、南北朝時代までさかのぼると、南朝の後醍醐天皇の支援者・桜山氏、日隅氏の本拠地で、九州から凱旋してきた足利尊氏の軍勢との古戦場でした。

さらにさかのぼれば、金丸の品治脇神社の宮脇遺跡、金名、浅原のたたら遺跡からは出雲の鉄文化の影響がうかがわれ、神辺平野から駅家—佐賀田城の前方後円墳からは銅鏡が出土し、「穴の海」伝説の海抜50~１００ｍの芦浦の貝塚など、古代朝鮮半島からの渡来人文化や、吉備、出雲、九州の邪馬台国伝説を身近に感じさせる場所でもあります。

大変だった葉たばこづくり

山形の生産者は、専売公社（現日本たばこ産業＝ＪＴ）府中支社のもとで、品質のいい第二黄色種を栽培してきました。葉たばこは安定した価格、肥料代ほかの前渡し金、全量購入などが魅力で、農家はわれもわれもと参入しました。しかし、たばこの生産は冬に芝を集め、親床の温床をつくり、子床への移植、５月の本田畑への移植、その間の遅霜に備えたキャップ、畦面被覆、同時に田植えの準備をしながら、６月下旬から芯止め、７月の夏休みには乾燥と、人手がかかり大変でした。子どもといえども大事な労働力で、私たちは学校から帰ると、葉たばこの収穫、乾燥機への取り込み、取り出しと大忙しでした。わが家は5反ほど生産していたので、毎日が戦場でした。夜は乾燥場の温度調節のためまきをたく作業があり、皆蚊帳の中で野外キャンプの雰囲気で、外灯に集まるカブトムシやクワガタを見つける楽しみもありました。

シベリア抑留から帰国した父の勤勉さを見て、私たち兄弟姉妹も役割分担して手伝わねばと感じ、一生懸命手伝いました。いちばん下の弟と分家の美智也君が芯止め作業を手伝い子どもの背丈くらいに切り取ってしまい、母親が慌てて謝ったこともありました。被害は幸い

20本程度ですみましたが。

秋になると、乾燥した葉たばこを等級ごとに選別して、府中の専売公社の工場へ持って行きます。11月の備後吉備津神社の秋祭りの頃には、たばこの販売額がだいたい決まる状況でした。1年間の家計は葉たばこの成果にありました。

父は役場へ、叔母はりんご作り

しかし、アメリカ産の葉たばこの輸入が増えるにつれ価格が据え置かれるようになり、生産規模の少ない農家は別の働き口を工場に求めるようになりました。また、山を切り開いて牧場を作り、乳牛生産へ転換する農家もありました。

幸いなことに、わが家はたばこの生産に加え、私が中学に上がる頃、父宗太郎が新市役場の職員になり、毎月薄給ながら給料も入るようになり、家計が少しは安定しました。しかし、父の分の畑仕事は、母や祖父母、そして私たち兄弟に回ってきたので、よけい忙しくなりました。

その後、わが家もいろいろ試行錯誤の末、こんにゃく芋を減らし、葉たばこに替えて大根、漬け物大根に集約すると、地元の商店から味がいいと注文が増えていきました。たばこの肥料と畝を再利用して、9月から12月が最盛期でした。

そのほかにも、叔母の井村京子の加茂町北山芋原から導入した早生りんご100本も順調に成長し、私が戸手高校に上がる頃には、通学前に新市、府中青果市場へ出荷してから登校したため、よく遅刻をしました。そのせいで私は廊下で正座させられましたが、当時の私は、放課後、同級生の下垣内君の桐の皮むき。このバイトの後、中山康二君のお父さんの満州鉄道の技師時代の中国の話を聞くのが楽しみで、あまり学ぶ意欲はなく、仕事をやり遂げた満足感で正座していました。後にその私が教師になるとは、そのとき想像もできませんでした。

そのほかにも、薬草サフランやオモトの栽培にも取り組みましたが、冬の寒さや販路の開拓で成果を上げられず、うまくいきませんでした。

山形分校の1年生

常金丸小学校の分校に1~3年までの複式クラスの学舎が、村の鎮守の森、水玉神社の隣にありました。

先生たちは金丸の里から6kmの道のりを歩いて通っていました。朝の始まりの時間は毎日不規則で、森の自然学校を思わせました。自学自習を基本に、先生の到着時間によって一日が始まり、時には昼前に始まることも珍しくありませんでした。村に1台しかない近所の永久静恵さん宅の電話に先生から遅れると連絡が入れば、静恵さんのお母さんが急いで伝えに来られ、男子は中、後ろ組の2隊に分かれ、上級生の指導で野外での武者修行の始まりです。竹刀を腰にさして、野武士軍団の戦を「龍神と水の神」、森の精霊が宿る鎮守の森で繰り広げ、楽しい一日を過ごしました。高い木の上に要塞を作るなど、今日でいえば、「ツリーハウス」の建設に励みました。男勝りの宇根志保美、前原りつ子さんたちも、時折は援軍に駆けつけて勝敗に影響を与えることもありました。女子を侮ると怖いという教訓を教えられました。

ある時には、先生の到着があまりにも遅いので、皆で「城が垰」のあたりまで遠征することもありました。この城が垰は、中世の山城の一部で、殿山や旗立て山、弓場など、中世の南北朝の時代から、戦国の毛利、尼子の勢力が備後を支配するための砦や城跡が多く存在します。私はよく、上級生の永久武也、松田敏さんから、自主勉強の戦の途中で、先生が来てるか、見張りにいくように伝令をいただき、一人で城が垰や空木別れまで出かけました。途中で村の人に、「どうしたん、もう勉強はすんだん？」と尋ねられて返事に困り、何をどう答えたらよいか思案しました。また、野犬やイノシシと出会うこともあり、ようやく先生の来られる姿を見て、やれやれと一安心しました。

1年生の担任は本山の武田先生で、泊まり込みで分校に住んでいました。男子は宿舎に入り込み、男所帯の単身赴任を退屈させないよう、休みの日も押し掛けて、森の宝ものを利用した竹馬、水鉄砲などの遊び道具を作って、遊び方を教えてもらいました。今から考えると、自然の中での遊びや、道具のない条件の中で自分で作る楽しみの機会を与えていただき、「何でも、やればやれるのう！」という自力更生の精神の育成、教師と生徒の垣根を感じさせない、温かみのある生き方の原点を教えられました。分校に行き、新しい知識を得て自己流の遊びを楽しみ、休まず段々畑のあぜ道を上り、日が暮れるのを忘れて遊びました。

当時のわが家は、朝から日が落ちるまで、両親は働きどおしで、家では曾祖母の「りき」ばあちゃんの子守で、私と妹は怖い昔話と蛇の言い伝えを聞かされて、家から出かけずに育てられました。ですから、1年生の分校は、武田先生の部屋に行くとテレビも見られ、楽しみのひとつでした。

水汲みと風呂焚き

家に帰ると、谷川からの水汲み、風呂焚きは、日常の私に与えられた大仕事で、遅く帰ると、祖父からよく叱られたものです。そんな時は、「りき」ばあちゃんがよくかばってくれました。水道がないので、水汲みは家族の大事な仕事で、分家の井戸からつるべで汲む作業は重労働でした。100m下の谷川の水を天秤で担いで運ぶのも大変で、バケツの水をよくこぼしました。表の新家まで担ぐと一息入れ、表の牛小屋のところでもう一度と、肩に天秤棒が重くのしかかり、ふらつく足取りで角を曲がり、風呂場までやっとの思いで担ぎ込みました。

３回は運ばないと、風呂は満杯になりません。はじめに水を入れて、すぐに風呂に火をつける。松葉の枯れ葉をマッチで燃やすと、ボーッと音がして赤い炎が顔を照らすのが楽しみでした。時々、焚き付けの本に見入って、水汲みに行くのを忘れることもありました。風呂が熱く焚き上がり、火事になりそうなこともありました。運悪く、祖父に見つかり大声で叱られ、急いで谷川へ逃げることもたびたびでした。駆け足の速さは、こうして鍛錬されたおかげか、徒競走は得意分野で、誰にも負けないぐらいでした。

雨水を溜めるタンクはあまり深くなく、たびたび分校での水汲み当番の順番が回り、小神田の小田角一宅へ水汲みに行きました。つるべの縄を２人組で引き上げる作業は、体重の軽い私たちには危険で、水の重さで引き込まれることもありました。東組の「井戸の窪」の井上おさむ君とよく行きました。おさむ君はよく抜けてさぼり、私一人で汲み、親戚の兄貴分の徳山俊ちゃんに手伝ってもらったものです。２人で風呂の水を汲み、時々武田先生から褒められるのが嬉しく、自分から進んでするると、先生の酒のつまみをご褒美に貰いました。山形には店がなく、先生のつまみは楽しみでした。神田池のそばの営林署勤務の永久誠氏の前の水玉神社の井戸へも時々汲みに行き、永久公也さんの牛小屋で遊んで帰りました。

先生はいつもにこにこ笑顔でいました。たまに金丸の本校や自宅に帰省してくると、２、３日はなにかうつろで、暗い顔をして悩んでいました。今から思うに、教育委員会とあまりうまくいっていなかったのかもしれません。２年生になる前には、毎日が楽しく、風呂たきの木々を集めて家に帰り、家の水汲みをすませ、妹の文の子守をしながら坂道を上り、テレビを見せてもらいに分校へ行くと、同級生の山田孝明君他のみんなも来ていました。山形には、当時分校にしかテレビがなく、移動映画の上映が1年に一度あればよいほうなので、野良仕事を早めに終えた老若男女、村人総出の最大の娯楽でした。鞍馬天狗や源義経・弁慶の映画を観たのを覚えています。大阪へ出るまで、映画館へは行く機会がありませんでした。

女先生の登場

3月の終わりになり、武田先生がいなくなる話を聞いて、寂しい気持ちで春休みを過ごしました。

わが家も昔の井戸があり、水脈を求めて深く横穴を掘る試みをしたようです。残念ながら水脈に当たらず、角の家を新築してからは、雨水を取り入れるタンクや、風呂水の再利用に取り組んでいました。飲料水と生活用水の確保は村の生命線でした。集落を離脱する原因のひとつに、飲料水の問題が大きく影響していました。

4月の遅い山桜が満開になる頃、健康美人の福島幹子先生が新任で来ることになりました。毎朝、奥見谷から片道3㎞の道を通われ、わが家の前を歩いて来られます。規則正しい日常生活の始まりです。毎朝、下の福島の角に先生の姿を見ると、急いで弓場の坂道を駆けだして、分校に向かいます。「オーイ、先生が来たでー」の伝令で、皆が教室に入り自習をします。今までの騒々しさがまるで嘘のように静かになります。

男の先生と違い、音楽やダンスなど華やかでもあり、女の子と手を取りあい、なんだか照れくさがりながらも狭い運動場で練習しました。時折、新卒の女先生を見に、村のおじさん、おばちゃんが覗きに来られて帰ります。女先生も新人ながら慣れたもので、教室に招き入れ、孫の授業を参観して貰い、皆とうち解けていきました。

わが家の前を朝夕に通ることもあり、家族ぐるみの会話も弾み、妹の文もたまに先生について きて、「特別授業参観」を許されました。後から弟の幸造も、「いと」おばあさんに連れられ、上神田への郵便と電話の途中に寄り道しました。家の者が来ると、照れくさい感じでした。今から考えれば、村人に開かれた地域の参加する分校のさきがけでした。閉鎖的な村のしきたりを開放的にする空気と、外の世界の情報を伝える連絡場になりました。女先生も御調の田舎の出らしく、すぐに村人とうち解けられ、よく村の母親の相談に乗り、頼りにされていました。

当時の新人教員は、山形分校か藤尾村の勤務が仕事の始まりでした。「権蔵が滝」を眼下にしながら、歩いて片道4㎞の道を通われました。この道は、中世の戦国時代の戦道として、大八車で荷物を運ぶ物流の道としても重視されていました。朝夕の常連は、4年生から本校へ通う生徒と、郵便の配達員と分校の先生でした。山仕事に街から来られる山師の方たちの往来もあってにぎわっており、必ず誰かと会いました。

山形分校に応援団現れる

福山の千田町の若いタクシー運転手の弓井さんが、弟・幸造たちを町の遊園地へ招待してくれることになりました。弓井さんは、山形の分校舎の話を聞き、子どもたちに福山の町と海を見せて元気づけようとしたとのこと、ボランティアの草分け的存在でした。弟たちは喜んで町に行き、戻った後の話に、妹や祖父母が聞き入り、野良仕事から帰った父や母も、そのまま台所に上がって聞き入っていたことを覚えています。備後福山をまだ見ぬ妹は、とても残念そうな顔をしていました。

また、弓井さんは分校にテレビがないことを知り、寄贈を申し出てくれました。今から思えば、相互扶助の精神をぼんやりと見た最初の出来事でした。

20年後、福山の若葉塾に、当時の万年青年の姿そのままの弓井さんが現れ、中国残留孤児の日本語教室に何かできることがあればと支援を申し出てくれました。私は彼との再会を喜ぶとともに、昔の弟たちへのおもてなしに感謝を申し上げました。

野生動物との共生

子どもの頃、棚田の稲の取り入れ前に、朝寝坊して本校へ続く坂道を全速力で駆け下りていくと、イノシシの親子に遭遇、足音に驚いた親子は山に逃げ込んでいきました。当時、防護策として、樫の木の杖を杖置き場に置いておき、それを持って通い、使ったら戻すようになっていました。学校で教えられたわけではなく、先輩から受け継いだ知恵でした。

村には東・中・後ろ組の村内組織があり、各組ごとにイノシシを捕まえる柵を設置していました。サツマイモや米くずに誘われてそれを食べると柵が落ちるからくりです。あるとき、中組の柵に7匹のイノシシの親子がかかり、200人以上の見物人が集まりました。イノシシも興奮して、木の柵を壊して逃げようとします。そこで、戦場で鍛えられた青年団OBの猛者らがイノシシを捕まえ、罠で1匹1匹吊り上げ、まるで格闘技の野外劇場を見るようでした。

7匹すべてを捕まえると、血を抜き、村の鎮守の神水玉さんへ奉納し、肉を組員に分配します。そのときのような大猟の場合は、他の組の世話役を介して五穀豊穣の神様へお供えして分配します。

子どもたちの関心は、イノシシの牙を手に入れることでした。牙にありつけず、足型のついた脚の骨をもらい、妹とわが家のりんご畑に足跡をつけていたずらし、父にしかられました。

スズメ蜂に刺されてひどい目に

りんごの花の受粉のためにミツバチを飼い、私は母の父・只重譲助から養蜂の基礎を伝授してもらいました。そして、何でも興味を持つ弟・幸造を助手に、ミツバチを攻撃するスズメ蜂を監視しました。春先に新女王蜂が生まれると、分蜂、移動が始まり、その際に近くの木やわが家の桃、柿の木に団子状態で止まるので、次の移動先を見つける前に捕獲して、新たな巣箱を準備することが大切でした。ミツバチのほかにも、鶏、ウサギ、ヤギなどの飼育も私たち兄弟の仕事でした。イタチが鶏や山鳥の小屋を襲ったり、キツネにりんごを食べられるなどの被害もありました。

あるとき、松田敏先輩に誘われて、ドングリの蜜を吸うためにスズメ蜂とカブトムシが壮絶なたたかいをする現場を見に行き、下がった場所で待機していると、スズメ蜂が無防備な私めがけて襲ってきて、両目の間を刺されてしまい、雷にでも打たれたような痛みを覚えました。私の着ていた服の色が攻撃の対象になったようで、特別な治療薬もなく、家で祖母の自家製の薬を塗ってもらいました。祖父には、忙しいたばこ取りをさぼるから天罰が下ったと怒られました。一晩眠れぬ夜を過ごしてようやく分校までたどり着くと、武田先生に「何しに来たんか？　家で休んでおけ」と言われ愕然としました。中世の古戦場の弓場の坂道から空木のひじ矢、七つ池の大蛇の里山をぼんやり眺めながら、道から転落しないように、15分の道をとぼとぼ1時間かけてたばこの乾燥小屋に戻ると、あまりに無責任な学校の対応に「いと」ばあさんが文句を言いに行くというのをなだめ、本宅に帰って休みました。自然治癒に待つしかなく、約3週間、自宅学習になりました。

今から思うと、後のＡＭＤＡ調整役として、中国雲南・四川・内モンゴルの少数民族地区での地震救援活動に、こうした体験、とりわけあらゆる情報を判断・処理する危機管理能力を活かすことになったのではないでしょうか。なんの処方箋もないときに、人の真価が問われます。

シベリア抑留された父・宗太郎

8月になると広島・長崎の原爆の報道は聞きますが、満蒙開拓団の悲劇、民間人の殺戮の歴史はあまり聞きません。戦前の中国東北地方「満州国」へ若者が兵隊に取られ、あるいは当時の貧しい農村の次男坊たちを「極楽黄土の大地・満州へ行くと広い土地が手に入る」と、当時の農林省の役人が貧しい財政の町村に基盤整備などの政府補助金を出し、人集めをして満州に分村をつくりました。私たちの常金丸村も、満蒙開拓団に小規模農家を送り、少年義勇軍に若者を送りました。

　生存者の佐々木要、大石よしみさんは、中国人の土地を取り上げた入植地である常金丸開拓団村にいましたが、敗戦時には関東軍は在留邦人に何も知らせず真っ先に南部へ逃げたと言います。そうして、武器もなく混乱の中で家族が自決し、土地を略奪された現地住民は反撃を開始します。地方政府も関東軍も誰も責任を取らない中、残留孤児が生まれ、山形村の藤原氏が開拓団を守るために自ら犠牲となって銃殺されたと、常金丸村満州分村犠牲者慰霊碑には記されています。

　私の子どもの頃の記憶では、父・宗太郎は戦争のこと、シベリア抑留の話は、家ではしませんでしたが、時々マラリアの後遺症で発熱していました。父の部隊は、国民政府の重慶攻撃で、湖北省宜昌市に配属されて補給路を断たれ、食糧難と風土病に悩まされたあげく、１９４５年８月に３０００㎞の逃避行によって瀋陽で敗戦を迎えました。そして、３００名の部隊長の無能力のせいでソ連軍の捕虜になり、地元常金丸村の先輩とともにシベリアに抑留されたのです。

　一方、近所のおじさんたちの軍隊での武勇伝、略奪の話を聞くにつけ、同じ人間がこうも別人になれるものかと思い、違和感を覚えました。階級の低い兵隊ほど乱暴をはたらき、名誉の戦死で勲章をもらい、軍人恩給を保証されていました。

　こうした体験が、後の中国残留日本人孤児の帰国支援、日中友好活動の契機のひとつになったのかもしれません。

新天地の大阪へ

1969年4月に、生まれ故郷から祖父・久吉の姉・宗木誓代の住む大阪市浪速区日本橋の家に下宿するために、皮の鞄を提げて新天地大阪へ旅立ちました。3月、たばこの温床への植え付けを家族全員の作業ですませ、春休みにした山本組の空木線道路建設のアルバイト代金を受け取り、軍資金もできました。当日は、出迎えの同級生の土路生貢二君のお父さんが運転される芦品タクシーで、新市駅まで送ってもらいました。

車内で、息子の貢二君は、早稲田大学に受かり東京へいくとの話で、嬉しそうでした。こちらは、まだ何も将来の目標は決まらず、不安いっぱいでした。僻地の山から解放され、都会に出かけて、何をするかまだ明確には決まらず、漠然と、農作業の束縛と山の社会から恐る恐る、のろのろとようやく一歩を踏み出した瞬間でした。何となく夢と不安が相半ばし、浪人して大学を目指すと答えたことを思い出します。子どもの頃、祖父がよく医者の診察の帰り、土路生君のお父さんのタクシーを利用していました。土路生家は、府中市元町の「佐々田の家具」の桃代おばさんの親戚に当たると、祖母の「いと」ばあさんから聞いていました。

冬、雪の覆われた新市

中国山地の山並みに位置する新市町（現福山市）金丸山形。葉たばこ、こんにゃくを生産するありふれた山村だった。

中国山地の山並みにあるふるさと新市町金丸山形

第2章

大阪物語

祖父・久吉の姉・宗木誓代の住む大阪日本橋へ

わが家ではようやく父の役場勤めも軌道に乗り、母の頑張りと家族全員の農業への取り組みにより、家計に余裕ができてきました。祖父は常日頃、分家の上の家の笹山すすむが福島で学校の教師として活躍していることを引き合いに出し、父に「徳治を大阪へ出して学問をさせないといけない。田舎に閉じ込めていては将来がない」と言い、父も役場の仲間の影響を受けて、ようやく私を大学へ行かせることに理解を示すようになりました。

1969年4月、大阪の誓代叔母の家に身を寄せた私は、叔母の次男の経営する電気店・宗木電気でアルバイトをすることになりました。宗木高男社長は、もともと国鉄の職員でしたが、松原建設を経営していた兄の影響と、母親を楽にさせたいという思いから、若くして国鉄を辞め、脱サラして起業家になりました。私は店員の山本さんと二人で、西田辺と八尾の店の配送、テレビやクーラーの取り付けの仕事をしました。

宗木電気はシャープの特約店で、シャープの田辺、八尾工場の職員互助会指定店になっていました。それで、愛知、和歌山、三重各県の従業員の家族の家にカラーテレビやクーラーを配達し、取り付けに出かけたため、近畿圏の地理を覚えることができました。また、シャープの早川徳次社長の右腕であった福山出身の専務との関係も良好で、宗木社長は持ち前の営業能力を発揮して、全国のシャープ販売店の会長を務めていました。

シャープ早川社長から記念品のシャープペンをもらう

シャープ創業者の早川徳次はシャープペンシルの発明で知られ、技術者育成に力を入れていました。後に天理工場の計算機開発者になる大学の博士研究者も、宗木電気で新人研修を受けていました。

あるとき、販売店の社員表彰式に山本さんと参加し、早川社長からシャープペンシルの記念品をいただきました。「宗木電気店の社長には大変な販売努力をいただいております。社長によろしく」と声をかけられて握手し、アルバイト5カ月の新入りにも気配りされたことが印象に残っています。最高経営者は学閥や肩書きでなく、人を大切にする博愛精神によることを学びました。

残念なことに、台湾の鴻海《ホンハイ》傘下に入ったシャープの現状を見ると、時代の中で漂流する日本の、アジアで隣国華僑社会と共生できない、独立国としての政治・経済哲学、戦略のなさに、複雑な思いを抱きます。

新中国の映画と講演会へ行き大阪経済大学を知る

大阪での生活にも慣れ、天王寺、新世界界隈の地理を覚えた頃、ある日、駅前で新中国の映画と講演会のチラシを受け取りました。そのまま机の上に置いておいたのですが、暇つぶしにと、ふと出かけて見る気になりました。

映画は、日本の取材陣による撮影で、東北（満州）平野のトウモロコシ畑や満州鉄道の話をリアルに描いていましたが、内容は半分くらいしか分かりませんでした。それから、中村九一郎大阪経済大学教授、雨宮礼三大阪日中友好協会（正統）理事長、望月八十吉大阪市立大学教授らの現代中国の元気の出る話に驚きを覚えました。中国に関しては、高校時代、NHKさえ入らない山間のラジオで、北京放送の日本語放送を聞き、農民が天下を取った国として興味を覚えていました。

講演の最後は、関西を中心に経済界の日中交流を進め、まず戦後処理、国交回復をめざす国民的運動が必要であり、ベトナム戦争の終結、中国の国際社会への復帰を関西から求めていこう、という結論でした。

私はそのあと、近くの風呂屋で牛乳を飲みながら、別世界だった経済や政治の話に大いに関心を深めました。そして、まず相手の国を知ることから始めようと、風呂屋の新聞で記事を拾い読みし、時事問題に関心を持つようにしました。

そこで大阪経済大学の名前を知った私は、図書館で調べてみると、創立者の黒正巌学長は岡山県西大寺の出身で、神主の次男に生まれ、黒正家に養子に入り、京都大学で農学博士になり、戦前、中国北京、上海で中華経済研究所をつくり、多くの資金や人材を経営難の昭和高等商業に提供したとあります。そして、京都大学日本経済研究所を設立、当時の文部省からドイツのハイデルベルグ大学へ留学し、マックス・ウェーバーを日本へ紹介した第一人者であり、哲学者・久野収とともに「哲学の道」の名付け親としても知られます。それから、京都大学同様に学問人材育成と、資金難の学校の校舎建設に尽力されました。

黒正巌氏は敗戦前に母校岡山の第六高等学校（岡山大学の前身）の校長を兼務しています。1944年に学徒動員のために前身の昭和高等商業学校の生徒募集が中止になると、新たに大阪経済女子専門学校を設立し、優秀な女子学生の育成に努めました。戦後は旧制第六高等学校校長として岡山大学の基礎を築きましたが、一方、学制改革のもと大阪経済専門学校（昭和高等商業学校の後身）から大学への昇格がなるかどうかという瀬戸際で、彼が当時の文部大臣を動かし大学昇格を勝ち取り、1949年に現在の大阪経済大学となり初代学長に就任するものの、直後の9月に逝去されました。

大経大では英語の洋書による教育など、専門家育成に京都大学のテキストを使用。後にジャパネットたかたを創業した高田明も長崎の佐世保から学びに来ています。学費も関西で1、2番目に安く、貧乏学生の私にも門戸が開かれていました。

中高で英語を棒に振るも、一発逆転で大学に合格

1969年の秋も深まり、天王寺図書館へ通って受験モードへスイッチを切り替えました。英語の試験勉強は基礎英語1の中学3年間から始め、ラジオのNHK基礎英語、「百万人の英語」など、1日3時間は英語に慣れる作業を開始したものの、大学の入試問題はちんぷんかんぷんでした。

それというのも、中学1年のとき、英語の教師に「なぜ外国語は占領軍の英語だけなのか？他の外国語は選択できないのか？」と質問したところ、英語教師は答えてくれず、反抗的と受け取って、校長室の前で正座しろと命令したことがあったのです。そのとき校長は夕方まで不在で、三無主義の他の教師は、早く謝って教室へ帰るように助言するだけでした。私は無抵抗主義を貫き、帰宅時間になって市場出身の田玄先生に「笹、日が暮れるどう、早う帰れ！」と言われてようやく帰宅しました。英語の教師は名家のお嬢さんでしたので、馬が合いませんでした。

母の祖父・只重常吉は、府中八尾城の分城、鳥越城の城主であった歴史を守りたいとの思いから、アメリカに渡航して十数年間、西海岸からカナダの森林に入り木こりの長をし、わずかながらも財をなして帰国。母の父譲助は父親のいるアメリカをめざしてひたすら英語を学んだといいます。また、母のいちばん下の弟・勝己も、府中高校で英語の成績は1、2を

競い、神戸で貿易商をしていた祖父の兄弟も、商売柄英語を日常的に操っていた等、英語に関しては誰にも負けない環境で育ったのです。それが前述した英語教師との一件で、中学、高校の6年間を棒に振ることになりました。

時事英語に慣れるため、駅の売店で英字新聞を買って電車の中で広げ、分かる記事を棒読みしました。分かるより慣れろ！でした。そして、翌年2月の試験前日に、梅田紀伊國屋で、「英語で古典的な名文を読む」といったたぐいの本を読んでいたところ、マルクスの『共産党宣言』の序文が載っていました。単語はあまり分かりませんでしたが、気まぐれで購入したところ、翌日の入試で序文の一部が和訳問題として出題されました。そんなこともあって、運よくすれすれで入試にパスして大阪経済大学に入学できました。

大学入学後、「語学研」をつくる

大学に入学すると、私は仲間と語学サークルをつくる準備を始めました。まず、ESS英語クラブの門をたたきましたが、相手にされませんでした。そこで、自分たちのやり方で運営できる組織をめざしました。継続して基礎英語の力を伸ばし、すぐに役立つ日常会話を学び、外国の専門家と会話を楽しむことなどを目標に！

それから、中学1年の質問への自分なりの解答として、多言語を学ぶ語学研として、フランス語、ドイツ語、朝鮮語、ロシア語、中国語に各担当者を置き、学び始めました。戦前の昭和高校の黒正イズムの精神を活かす大きな目標—言葉を平和と友誼の道具に相互理解を深める—に、大学生協の食堂から活動を始めました。

そして、後に夏の英語キャンプを行ない、新人も増えていきました。夕森英語キャンプでは、名古屋の南山大学、椙山女子大、関西の同志社、関西学院との関係も深まり、呉三津田高校出身の新人・川副君の河島英五を彷彿させる歌声と男前も手伝い、広島県人の律儀さが仲間を増やしました。

外国人英会話無料臨時講師・阪神タイガースのカークランド選手

私自身としては、阪神タイガースの外国人選手カークランドの生きた英会話のレッスンが始まりました。これはあくまで、カークランド選手が暇なときに、球団とのもめ事の聞き役になるということで、ただし私のあまりの語学力のなさに、ただ聞くのみでしたが、おかげでたびたび阪神ホテルで食事の招待を受けることになりました。また、村山投手の引退試合を見せてもらう幸運にも恵まれました。

ある日、越したばかりの阪急上新庄駅近くの下宿先にカークランドから電話があり、大家のおばさんに呼ばれて電話口で「This is Sasayama speaking.」と話したところ、大家のおばさんに大いに感心され、孫の家庭教師を頼まれることになりました。1年あまり続いた中学生の英語指導は冷や汗の連続でした。しかし、そのおかげで、基礎学力を確立して、中学の女性英語教師に借りを返すよい機会となりました。

ある日、語学研の佐々木君の紹介で、ミシガン大学出身のECCの英語講師・サム氏と難波宗右衛門町で食事をすることになり、1万円を握りしめて行きました。食事で少し酔い、サムが和風クラブへ入っていったのでついていくと、三味線とビールとつまみで5万円もぼったくられました。高すぎると佐々木君が話すと、マダムは裏社会にも顔が利くようなそぶりで、「外国人料金は別!」と凄みます。結局、3人で1万円ずつ出して、残りは佐々木君の土佐の先輩が立て替えることで一件落着! その後、2カ月間は返済のために窮乏生活を送り、無事土佐の先輩に借金を返しました。余談ですが、その後サムは教え子の日本女性と結婚しました。

そのほかにも、ベトナム戦争の帰還兵のアルバイト講師などと知り合い、生きた会話で英語に物怖じしなくなりました。帰還兵の話では、大学の奨学金をもらうために海兵隊に入り、沖縄の基地の模擬ベトナム村で訓練を受け、その後、ベトナム南部のダナン基地へ配属、休暇でタイのパタヤから沖縄へ帰り、しばしの休息をとるため日本各地を旅して大阪へ来たとのこと。アメリカ本土でベトナム反戦運動が盛り上がり、戦場で肉体と精神が蝕まれ、何のための奨学金稼ぎかと、人生の目標を失ったといいます。また、沖縄出身の学友をとおし、日本本土に来るのにパスポートがいること、大正区に多くの同郷人が住んでいることなどを初めて知りました。

大阪万博とソ連館

大阪松原市の宗木の法要に父が来た折、おじたちが「徳、親孝行して大阪万博を父親に見せてあげや」という一言で、父を大阪万博へ連れて行くことになりました。戦前、アメリカ軍のB29の爆撃でわが家に疎開していた叔母たちも同行し、父と兄弟のように育った切石寿江叔母の長男で、奈良県立医科大学の息子が案内することになりました。

万博は毎日満員で待ち時間が大変なことを、アメリカ館の側でバイトをしていた語学研の天本敬君から聞いていたので、父の見たいものを尋ねると、ソビエト館へ行きたいとのこと。比較的空いており、2人分の入場券が手に入りました。

案内役の長身の女性が「こんにちは」と日本語で出迎えてくれました。すると父は「ドウラスベルギ?」と話し始めます。そして次々に初めて聞く、「ヤポンスキー、日本人」、「ワイナープレン、戦争捕虜」などといった言葉が飛び出し、話が弾んで満足そうな表情です。カザフスタン、タシケント、カラカンダなどの地名が出てきて、瀬島龍三と70万人の軍人がシベリアに抑留され、戦争賠償金を強制労働で払わされた話を初めて聞かされました。197

0年にはソ連はまだ崩壊していなかったので、父の「ラルゲ、収容所」のあったカラカンダはソ連内のカザフ・ソビエト社会主義共和国の一地域でした。人工衛星の打ち上げ基地もあり、軍事的に秘密扱いになっていました。父は、遠い記憶の糸をたぐり寄せて思い出したように、「スパーシーバ、ドスダニア、ハラショー」など片言のロシア語で挨拶し、単語をつなぎ合わせて美人コンパニオンと話に熱中していました。

１９４５年8月15日、中国東北の瀋陽での武装解除、中国での捕虜の扱いとソ連の捕虜の待遇について一度話した以外、父はソ連時代のことを話したことがありませんでした。よほど苦しい体験をしたものと思われます。ただし、カザフ民衆は人がよく、空腹の兵士に黒パンなどを差し入れてくれたこと、収容所内での生活の中での助け合い、上官の裏切りのため兵隊は常に地獄を体験したこと、氷点下30度以下の寒さでかかった凍傷のことを引き合いに出し、食べ物の好き嫌いや食べ残しを厳しく叱り、「人にはよくするように、兄弟は仲よく」という厳格な父の口癖はよく覚えています。

厳しい3年の冬将軍に耐えて、シベリア鉄道でバイカル湖を経て、ハバロフスクで帰国船を待って日本へ戻りました。すると、今まで偉そうに振る舞っていた軍国左翼の上官が、ソ連の権力の傘がなくなると、惨めにも船内で多くの戦友から自己批判をさせられました。しかし、上層部の責任は問われず、多くの戦友を失いました。父は帰国後も、現地で死亡した仲間の家を訪ねて励ましていました。

しかし、町内の高橋さん、瀬戸田さんなどの地元の抑留者の集まり以外は参加せず、政府による抑留者への補償、見舞金などの請願署名や、全ソ連抑留者協会の名前で、政権党の参議院議員・源田実元参謀の後援会への勧誘のみ行なっていました。仲間の屍を乗り越え、ようやく日本へ生きて帰ってきたものの、政府の誰も責任をとらないことへの怒りの思いを、父と同時期にカラカンダ収容所生活を送った広島市議会議員の山科美里先生との出会いを通して、後に知りました。

ソ連とは鳩山一郎首相の時代、日ソ共同宣言により国交回復を行なったものの、アメリカの横やりによって、未だ平和条約が締結されていない現実を思います。

古代の遺跡巡りで渡来人の貢献を知る

まだ日本橋の叔母の家に住んでいるとき、休みの日を利用して、私はよく古代の難波の国跡や遺跡巡りに出かけました。浪人仲間で奈良県橿原市出身の原田晴夫君（近畿大学法学部）のガイドで、天王寺から関西線の百済駅、王子駅で下車し、聖徳太子ゆかりの史跡などを訪ねました。原田君曰く、「奈良の地名は朝鮮語で国の意味」という説明に驚きました。彼は、古代の大和政権はアジア、とりわけ朝鮮半島からの渡来人の知恵で成り立つ、初めに九州、邪馬台国伝説、高天原の高千穂、熊襲から吉備、出雲の国の成り立ち、古代朝鮮半島や中国からの先進文化、技術者の渡来人が参加して「国造り」に貢献した事例などを話してくれました。今までの歴史認識との違いに、ただただ驚くばかりでした。

駅名、地名、建造物、寺、神社まで、原田君の説明に、勉強不足の私はたじろぎました。極めつけは神社のしめ縄は何を表しているか、という問いかけでした。奈良女子大学の女性研究者の話では、男女の交合、豊穣を表すとのこと。古代エジプトや世界の遺跡に蛇が守り神として正面入り口に堂々と立ちはだかるのも、一族、国の安寧、子孫繁栄を願う意味があるとのことです。

原田君が奈良から持参したおむすびをいただきながら、いにしえの歴史講座を堪能し、古代の人々は海のシルクロードの到着地・難波の国や奈良ですでに多文化共生の社会を始めていた事実を思い、「海のシルクロードの国際貢献」に感謝しました。

さらに、同期生の馬場道次君が堺に住んでおり、よく遊びに行き、彼の案内で古代の前方後円墳・仁徳陵や職人の町並みを見て回りました。堺は戦国大名・織田信長や豊臣秀吉から独立し、中立の商人の共同体、中世ヨーロッパのギルド的な職人文化の経済自治を築いた町です。不思議なことに、大阪商人の源流は、アジアとヨーロッパとの交易城郭都市として、町の有力者―商人が団結して戦国大名と対等に競い、豊かな財源を元手に、海のシルクロードを独自に開拓していった多文化共生、自治精神が堺市にあることを感じました。

中国上海バレエ団の大阪公演をお手伝い

語学学習のもうひとつの柱、中国語の学習の準備のため、大阪外国語大学で中国語を専攻した大阪府日中友好協会の大藪二郎氏の助言を受け、様々な中国代表団の受け入れ準備に参加することになりました。また、望月八十吉大阪市立大学助教授には、教室、テキスト、大阪経済大学梅田教授、名古屋大学（音声学）平井勝久先生から運営の助言を受けました。

こうした縁で、1972年の中国上海バレエ団の孫平化団長の裏方のお手伝いもしました。これは、この年7月7日に発足した田中角栄内閣の誕生で、経済界や国民の日中国交正常化への期待が高まり、田中総理の訪中に向け、周恩来総理の指示で孫平化団長と大平外務大臣の秘密裏の協議が行なわれ、大阪での上海バレエ団の公演となったわけです。

その間、日本政府は1971年のアメリカのニクソン大統領の電撃的な訪中を読めず、対米外交に引きずられて中国の国連代表権に反対し、キッシンジャー補佐官の秘密訪中や中国国内のラジオでの約1カ月に及ぶ「アメリカ帝国主義打倒」の放送停止、『中国の赤い星』の著者エドガー・スノー氏の訪中による毛沢東・周恩来との会談、名古屋で開かれた卓球世界大会での中米民間ピンポン外交などの世界情勢の変化に十分対応できずにいました。

私は大阪の公演会場で汗を流しながら、若い団員たちと中国語会話を練習しようとしましたが、上海なまりで聞き取れず、地方語の難しさに閉口しました。しかし、このとき、上海の団員の通訳で朝鮮族の女性Cさんは、1973年1月に上海を訪問した際に私のことを覚えていてくださり、国交回復でこんなに早く再会でき嬉しい、今度は上海語も身につけてくださいと励まされました。

日中国交回復を喜ぶ

1972年9月25日、田中総理の乗った特別機が北京南苑空港に到着し、タラップから田中総理一行が降りると、周恩来総理が硬い表情で出迎えて握手する姿がテレビで大きく映し出されました。語研、現代中国研の仲間と風呂屋でカラーテレビを見ていた私も、これで両国関係が大いに変わり、中国語の役割、民間の交流も、日陰のひなげしの花から表の花壇に堂々と咲き誇る花に代わる時代が来たと思い、皆でビールの祝杯を挙げました。

このときの日中共同声明で、中華人民共和国が戦争賠償の請求を放棄した本質を、多くの日本人は今日まで理解できずにきています。誰が戦争賠償金を払うのか？　軍部や戦争で巨大な利益を得た財閥が払うのか？　戦争で大きな被害を受けた日本人民が税金で払うのか？　周恩来総理は、第一次世界大戦でのドイツの賠償金支払いがナチの台頭を許し、国民のナショナリズムが再び第二次世界大戦へ向かってしまった教訓から、日本人民の血と汗の上に中国は繁栄を求めないと、71年に訪中した竹入義勝公明党委員長に伝えたのです。これを受け、田中総理は党内の対中国頑迷派を説得し、社会党の佐々木更三氏に党内の国交反対派への説得を依頼、72年8月に小坂善太郎氏を団長とする100名の自民党訪中団が実現しました。

こうして念願の日中国交が回復したものの、頭越しで行なったためにアメリカの怒りを買い、後に疑獄事件で総理辞任に至るとは、そのとき予想できませんでした。

香港物語

1972年の10月に入ると、日中友好のシンボルとして2頭のパンダが上野動物園に贈られ、両国関係が庶民レベルでも話題になりました。こうした中、中国社会科学院の郭沫若院長、廖承志中日友好協会会長から、井上清京都大学人文科学研究所教授のもとに、関西の青年代表団の招請状が正式に届きました。私は、大阪経済大学の中村九一郎教授の推薦もあり、幸運にも団員のひとりに選ばれ、にわかに訪中準備学習が始められました。

井上教授の話は、日中戦争と戦後のGHQの占領政策、アメリカの同盟国を中心にした戦後体制、沖縄問題、ソ連との北方領土問題、魚釣島問題の棚上げについて、民族自立・平和五原則などバンドン会議の精神と非同盟運動等々多岐にわたり、その他、小野信爾花園大学教授の現代中国史、杉野明夫大阪市立大学教授の中国、ソ連社会主義経済理論など難解な学習が続き、「相手を知るのは言葉から」と、神戸外大の待場裕子先生の中国語会話練習にようやく一息つくことができました。

そして、12月25日、クリスマスの日に、大阪伊丹空港から香港啓徳空港へ向け、一行14名は慌ただしく旅立ちました。私の初めての海外への旅は、イギリスのアヘン戦争の歴史の舞台、日中戦争での日本軍の占領、そして再びイギリスの植民地となった香港へ。まず、29度という思いのほか暑い亜熱帯気候に驚かされました。到着いちばん、習いたての中国語でホテルの従業員に声をかけると、大陸の華僑経営のホテルらしく、少し普通語が通じたので一安心。しかし、ホテルの外は広東語のみで、おはよう、「ニーハオ！」が通じません。おはよう、「チョウサン」、ありがとう、「ドーチェ」です。

新華社香港事務所の中国入国許可を待つ間、私たちは映画「慕情」の舞台、タイガーバーム創設者の庭、ギャングの城・九龍城などを見学して回りました。それから、３日間の厳密な審査を経て、一人ひとり新華社香港事務所で入国書類を受け取りました。当時は招請状と香港での査証の交付がなければ、中国に入国することができなかったのです。

広州物語

いよいよ九龍駅から広州駅へ向けて出発です。列車はさながら映画のヨーロッパ大陸横断国際列車に乗り込む雰囲気で、英語のアナウンスで始まります。列車が悠然と海沿いに国境へと進むと、すれ違う貨物に豚や満載した野菜を見つけ、香港サイドの通訳に「豚はどこから来たのか」と尋ねると、湖南省から広東へ広州駅の裏三元里で検疫している、魚介類を除き、香港人の主な食材と水は大陸から供給されているとのこと。同じ広東人の同郷意識と食文化を強く感じました。香港と中国の国境は、鉄のカーテンならぬ「竹のカーテン」と伝えられ、相当閉鎖的なものと予想していましたが、線路をアヒルの親子が自由に往来し、双方の駅員は自由に補修作業をしており、山間の監視塔、有刺鉄線、兵隊の巡回以外はごく普通の農村風景で、見ると聞くとでは大違いでした。

夕方に広州駅に到着。宿舎は容城賓館、後の東方賓館でした。ここは春と秋の広州交易会の会場の前にあり、世界各地から交易の民が訪れる比較的高級なホテルです。まさかここが86年6月に中国南部・華南地方最初の「カラオケ広州」のパートナーになるホテルとは、当時想像すらできませんでした。

私たちはアヘン戦争でイギリス上陸隊と戦い勝利した広州駅近くの三元里、林則徐将軍のアヘン焼き払いの虎ノ門、太平天国の乱の洪秀全ゆかりの花県、孫文先生の故郷や祈念堂、辛亥革命の幹部養成の広州農民運動広州所、周恩来・蒋介石校長の寺子屋跡、雨花台烈士記念館、中国近代史の歴史教科書に記載されている南越王遺跡などに足を運びました。

また、毎日の視察のたびに、地元の特産料理である蛇料理など、「飛ぶものは飛行機、足は机の脚以外何でも料理にしてしまう」という広東料理のご馳走攻めに一同驚嘆しました。しかし、白馬村の淡水魚養殖場のレストランで出された「鳳凰、龍、虎」（鶏、蛇、猫）の三品と魚料理のもてなしには閉口しました。白馬村の人民公社は、桃の花、みかんの栽培によって旧正月・春節の飾り付けで豊かになり、村おこしの知恵比べで種の品種改良をしていました。

カラオケ広州

イーブンリバー会長 平川秀光

中国南部珠江デルタ地区を1周する、1週間の視察旅行に参加10名の旅、団体ビザでマカオから入国、珠海、仏山、中山、広州、深州を回った最終日、各地区で毎晩の歓迎晩さん会を開催頂き感謝。

何かこの地で事業が出来ないかとの話になり、小資本で出来る事はないかとの話になり、3000万円位で出来る事業は、今まで中国になくて興味を持って頂ける仕事で、事業許可が出る仕事、カラオケの話になり中国と合作、金は日本、場所は中国側提供で広州の、東方賓館とホテルの卓球場を改装して行なう。事業許可を得るものの送金時に問題が発生したが、小西公認会計士の交渉で解決。

中国側はカラオケについての知識はなく、日本に1週間の研修に8名来日、男性3名、女性5名が来られる。その間、カラオケ室内の設計、カラオケの機械の選定、一番最先端の機種を要望される。中国のスッタフも海外に出た事、日本に来た事はなく、12月の日本研修で雪も降って、初めての雪体験は喜ばれた。日本に興味を持った人で日本食に不満はなく、サシミ等の生ものにも抵抗はなかった。日本での研修宿泊はメンバーの家に分散して宿泊、中国の中日友好の人が通訳で一人付いて貰った。

国内研修では広島のテレビ出演、竹原の温泉、福山市内のカラオケで実地訓練も行なった。

研修の最終日には中国から持参頂いた薬膳料理を作って戴き、中国の男性の料理が出来る事を驚きをもって感じた。今まで食した事はなかったものでも美味しく食べられた。カラオケのCDも内容が中国映倫の許可が出ない物があるとの事で、事前に不許可になりそうな場面のある曲については番号を黒塗りで見られないように修正、現地に送るも中国側の検査員が数日掛けて全ての場面の検査をされて、日本で黒塗りも見て確認を得た。

広東省、広州市、テレビ、新聞と視察に来られてニュースとして宣伝にはなった。客は日本人、香港の人、中国の人と来られたが、大盛況とはいかなかった。当初の計画の最中に天安門事件で客足が減少。研修期間の延長が一年認められて5年間の事業は終了。

開始時の為替は160円、終了時の為替は120円、ドルでは損はなかったが、為替では円高で投資額は戻らず、しかし大きな損失ではなかった。上海の和平賓館最上階のスイートルームの使用でカラオケオープンを要望されて視察に行くも、経費の掛かりすぎを懸念して断念。

6年が経過し、機械の再施設を要望されるも、ライバル業者も増えてカラオケが日本で行なっている状態ではなくなって、香港資本、中国資本には勝てないと判断して、設備はそのままで中国側に渡して終了とした。

中国側の利益は場所代と人件費、営業利益で、卓球場提供時とは違って利益に繋がったと思われる。

投資も、合作、合弁、独資とあるが、為替、国と国との制約、約束事の摺り合わせが上手く出来ていないと、最終的にはお互い満足はいかない事がまま起きる事を痛感した。

今回は中国側は良かったのではないかと思っている。

日本側の投資メンバー
中山卓士、広原勝司、小西直人、新田敏夫、佐藤伸恭、平川秀之、二畠直敏、和田誠司、笹山徳治、滝谷

投資金額はメンバー１人３００万の総額３０００万出資、日本国内の研修費に１５００万

問題発生で何回も広州には出張した。

現地では機械を壊されたり盗まれても困ると、泊り込んでの運営と聞いた。夜遅く自転車で家に帰るより泊まった方が良かったのかも知れない。

北京物語

広州からは飛行機で4時間、いよいよ首都北京です。機内のアナウンスで、北京の気温はマイナス10度と流れ、真夏から真冬へ逆戻りでした。飛行場で人民解放軍の綿入れ外套を借りて急場を凌ぎました。北京飯店のホテルにチェックインして少し休むことになりましたが、部屋のドアのノブに触れた瞬間、静電気が発生して感電しました。

清華大学の紅衛兵の３つの造反派の学生と私たち学生団員との交歓会の席で、私は最年少の北野高校3年生の青谷真美と神戸大の澤田団員の間にいると、井岡山造反派の女性責任者が北京なまりの標準語で、「あの若者は男か女か？」と私のことを随行員に尋ねています。私は当時、癖毛の長髪というヒッピースタイルをしていたのです。そこで私は「我是男学生！」

と答えると、驚いた表情をしていました。

交歓会の後、私は別の敵対する学生組織の男性指導員に、問題の解決方法に武装での戦いでなく話し合い、相撲で勝負を決め、人民内部の矛盾を正しく処理する問題について、毛沢東の著書を再度学習しては、と提案しました。すると、彼は頭を抱えて、「まず日中戦争の処理を相撲の勝負でしょうか」と逆提案し、日本側の代表として私が相撲をとることになり、引き分けとなりました。思わぬ展開に、随行の中日友好協会の幹部は冷や汗をかきながら静観していました。彼こそ、清華大学工学部の武装隊の責任者で、近隣の住民、農民から恐れられた人物。当時は自己批判中の身であり、教育的配慮の参加でした。彼は、次の日も特別に北京飯店に来てくれ、文化大革命の光と影の話を聞かせてくれました。また、例の女性責任者は、男性の同志に対する態度で、帰り際に私に握手をしてくれました。

天安門広場、万里の長城でも怪訝のまなざしをたくさん向けられ、劉遅先生がしきりに中国の散髪店を勧めてくれましたが、帰国後の寒さを考慮してお断りしました。「ラオジャ、ラオジャ！　ワイピン！」この言葉で皆道を開けてくれます。何かすごい迫力で人だかりがよけられます。当時、「ワイピン」が外国人賓客という意味であることは理解できましたが、「ちょっと、すみません」の「ラオジャ」が分からず、驚きました。毎日が興味津々でした。

１９７２年12月31日、一行の歓迎晩餐会が廖承志中日友好協会会長、張雨国際旅行社社長、郭沫若中国社会科学院院長、日中国交回復の影武者孫平化氏、通訳の林れい温女史などそうそうたる顔ぶれの中始まり、廖承志会長が歓迎の挨拶として、長期にわたり日中関係の改善に努力された井上清団長をはじめとした在席の各位に敬意を表し、「青年は朝の太陽だ」という毛沢東の言葉を引用して、在席した若者たちの今後に大いに期待すると述べました。そして、2年（1972年12月31日～1973年1月1日まで）かけてこのマオタイ酒を飲み干しましょうと乾杯の音頭。55度のマオタイ酒に団員の一部はすぐに立てないほど酔いました。私は黄世明先生から、事前に胃袋にチョコレートかチーズを入れておくといいと知らされていました。

同じホテルの7階では、中曽根康弘通産大臣の歓迎会が開かれていました。中曽根氏は高碕達之助先生の門下生で、宇都宮徳馬、田川誠一、河野洋平、古井喜実、藤井勝志氏らとアジアアフリカAA研に属していました。また、日本青年団のOBで、海部俊樹、竹下登氏など国会議員60名の調整役でした。そして、1984年の胡耀邦総書記時代の3000名の日本青年派遣時の首相です。

上海物語

北京から上海への飛行機では、シベリア寒気団の乱気流の歓迎を受け、やっとの思いで上海虹橋空港へ到着。私たちは、不平等条約により外国人の租界地区であった和平飯店に宿泊しました。「狗《いぬ》と中国人は入るべからず」という看板の掛かったフランス人租界地、外国の基金で建学した同済大学、江沢民の母校である交通大学、中国共産党第1回大会跡地、参加12名のうちのひとりであった湖南代表・毛沢東の定宿・興国賓館、宋慶齢旧宅等々、多くの外国帝国主義の爪痕を視察しました。また、魯迅と親交の深かった岡山県後月郡芳井村（現井原市）出身の内山完造の内山書店跡である中国銀行も視察しました。

上海港は国内産物の海外販売へ向けた代理商の中継基地でした。また、長江は内陸の重慶、武漢、南京などとの海運の役割も果たしています。そして、改革開放の80年代には、広東に後れるなと90年代の華東地区の牽引車となりました。また、文革で鄧小平攻撃の４人組の江青ら上海人は失脚したものの、天安門事件を経て実権を握った江沢民は上海閥を形成して中央政界に君臨しました。その間、私の故郷・鞆の浦、備後福山から上海へ「現代の遣唐使」を送り続け、15年の歳月をかけて民間交流を実現しました。

いよいよ大都市上海を発ち、かつて毛沢東たちが移動した鉄道の旅、特別列車が動き始めました。この間の緊張からようやく解放された私は、近郊農村の人民公社の鶏小屋を眺めつつ、やがて襲った睡魔から深い眠りに落ちました。その後、食堂車で夜食の魚料理を食べ、英気を養いました。

翌朝、列車は江西省に入り安源炭鉱を通過しました。中国革命の困難な時期、多くの知識人が上海近郊から労働者夜間校、初期の労働組合、炭鉱労働者の生活協同組合の設立運動などに参加し、外国資本の手先である軍閥政府の悪政に対し、生活防衛と団結のために農村青年の識字夜間学校などの愛国運動にも取り組みました。文革で悲劇の劉少奇ら青年指導者の活動の原点でした。また、縁あって、岡山県と江西省は友好省県の関係にあります。

毛沢東への思い

長い間車窓から中国の農村風景を眺めるうちに、すっかりいにしえの憂国の若者になりきった私は、アヘン戦争から辛亥革命、中華民国、中華人民共和国の建国に参加した志士たちに思いを馳せました。中でも青年運動の指導者・毛沢東に大変興味を抱きました。

彼の父親は米の販売で豊かになり、息子に商売を学ばせるために学習の機会を提供しました。生まれ故郷の湖南省湘潭から省都・長沙へ。軍閥の兵士から辛亥革命の兵士へ参加。寺子屋を経て湖南省師範大学へ。学友との無銭旅行。普段着の生活の中で身体を鍛える「体育の研究」。日本の対華21カ条の要求を認めた袁世凱に対する五四運動が湖南省へ燃え広がり、運動の拠点として全国の運動と連帯。日本の明治維持での土佐、薩摩、長州の外国との不平等条約に対する戦いを感じさせます。各地の指導者が思い思いに狼煙を上げ、地方の軍閥も参加するものの、北京の事件を契機に弾圧され非合法化され、多くが湖南の新民学会を頼りに避難してきました。

そこで、自立した教育人材養成機関である寺子屋、自修大学、師範大学の夜間校など、各地に若者の養成所が生まれました。地方政府の補助金や、避難してきたインテリ学生がもたらした中央政府の海外留学制度の情報により、働きながら海外で学ぶ学生の組織化も、湖南省が進んでいました。日本留学から戻った周恩来、四川省の鄧小平もフランスに留学していました。毛沢東は組織者の立場として、多くの学友を上海で見送りました。そして、皆とは反対に、国内の社会調査のために湖南省の農民運動視察の旅に出るのです。

毛沢東は江西省、湖南省の井岡山の解放戦争のさなか、負傷兵を運んでいる地元の農民に、「ご飯は食べましたか？（チファンメイヨウ）」と聞き、まだ食べていないと答えると、自分の配給食事券を渡して、食堂で食べるように言ったとの有名な逸話があります。大衆の生活、感情に心を配ること、誰のために、何のためにこの戦をしているのかを、多くの同志に考えさせることの大切さ。弟の毛沢民、毛沢覃、師範大学の楊教授の娘で夫人の楊開慧、息子の毛岸英など家族を反動派に虐殺され、また多くの学友たちと、孫文の指導する国民革命軍の上海での事件を契機に分裂・対立し、湖南省出身者の骨肉の争い。こうした中、郷土の味を忘れず、ふるさとを離れても守り、再会する離散家族を、辛くてしびれる唐辛子と香辛料の味が絆を保ったのです。日中国交回復後、残留孤児の帰国者と知り合い、湖南省益陽市を訪ね、湖南料理の絆の意味を聞かされました。おかげで辛い料理の免疫もできました。

1カ月余りの旅を終える

1カ月余りの新中国建国を訪ねる旅も、最後の広東の従化温泉にある毛沢東ら中央の幹部たちが会議や療養に用いた別邸に泊まり、旅の感想と今後の課題について各自意見交換することになりました。同志社大学の辻田順一君は、中国の教育の研究に弾みをつけるために中国語の研鑽を、北野高校の青谷真美さんは、中国に関連する進学をと、各自の思いを語り合いました。最後に井上清団長が、共同声明の精神を活かし、戦後の歩みを総括し、新たな時代を、日中を基軸にアジアとの共生を図ることが大切である、日中友好の前提は日日友好が第一、国内外の不団結では何もうまくいかないと、持論の自由民権運動から問題を提起されました。

南国に珍しく雪がちらつく中、私たちは名残を惜しみました。従化温泉は、田中角栄総理の目白邸宅で有名な新潟県小千谷市の錦鯉40匹が周恩来総理へ送られ、許品章広東水族教会会長、鄭群佐副会長と香港の錦鯉愛好家の努力により、その初めての飼育と展覧が行なわれた地です。パンダのことは有名ですが、日本の伝統・錦鯉も、日中友好の使者として海を渡り、多くの愛好家を楽しませています。

中国の旅は、外から日本を見直す機会となり、考え方の違い、相互理解の難しさ等を感じさせ、私にとって人生の新たな挑戦の始まりとなりました。

学校警備員の仕事始め

　中国から帰国後、語学研と基礎学術の研鑽の時間をつくるため、岡山県新見市出身の加藤進君と豊中市内の学校の宿直警備員の仕事を始めました。夜の見回りを除くと、睡眠以外に自由な研究時間が持てるので、他の学友にも紹介し、新宮雅由紀君、森義晴君、天本敬君などがこの仕事をしました。松江商業出身の新宮君は後に島根県川本高校の教諭になり、森君は尼崎市立高校教諭になった後、森中小企業研究所を主宰、天本君は大阪市立淀商業高校の教諭になるなど、皆教育の道へ進むことになりました。

　１９７３年11月に、新宮君の近くの中学校で、同僚警備のおじさんが宿直室の電気器具の漏電で亡くなり、皆ショックを受けました。警備会社は見舞金も出さないので、皆で遺族見舞金の支払いと1泊８００円を９００円に待遇を改善する要望書を提出しました。そして、日教組の教員の宿直廃止運動の不十分さによって低賃金労働者が生み出された、組合にも責任の一端があるのではないかと、当時の職場の書記長さんに話し合いを要望しました。職場の死亡事故でもあり、豊中教職員組合の石原委員長は時間をとり、同僚の警備員20名の集まりに顔を出し、会社への警備員の安全対策の要望活動に同行してくださいました。その結果、死亡見舞金10万円を勝ち取り、事故傷害保険への加入も実現させました。

このたたかいの支援には、弁護士試験をめざしている者や元大学教授など多彩なメンバーが加わっていました。そして、加藤君の特別な計らいで、不定期の親睦会を開催して情報交換を行ないました。不思議な縁で、石原さんは大阪教職員組合委員長を経て、NPO「緑の地球ネットワーク（GEN）」の代表世話人になられました。GENは知人の高見邦雄氏が事務局長を務めていた中国山西省の緑化を進める団体で、内モンゴル自治区からの帰りにBEENの村上毅氏大同の植樹で、他の教職員組合OBの方と再会しました。また、私が卒業後、大阪を離れて岡山へ移った後、一部の仲間は全国一般労働組合に加盟して警備員分会を立ち上げました。

学校警備の仕事をしていていちばん楽しかったのは、日曜日に近くの仲間とバレーの練習をして汗を流したことです。また、阪急千里中央駅近くの竹藪に囲まれた大阪万博会場近くの新田小学校では、ソフトボール部をつくりました。初めは人数が足りずに中学生も入れて練習し、そのうち熱が入ってスパルタ練習に子どもたちも本気になり、半年後には対外試合の練習に行けるまでに成長しました。しかし、さすがの私も、数年後、中学生になった彼らが岡山の下宿先に訪ねてくるとは想像できませんでした。

笹山徳治さんとの思い出

天本敬

１９７０年、万博でアルバイトをしていた頃、中国語の授業で「草原情歌」を聴いた日、徳治さんが急に「北京放送聞いたことある？　放送聞きにくいけれど、おもしろいで」。それから、今、疑問に思っていることがある「アメリカの大統領制と日本の制度、どちらがいいと思う？」「政治担当の先生にも聞いてみた、天本どう思う」と話しかけられたのが、懐かしく思い出されます。

その頃、上新庄の下宿で、加藤さんと徳治さんが同居していて、学校警備の仕事や運送業に私を誘ってくれました。

学校警備の仕事では、最低賃金法違反のおそれがあり、労働組合や労働基準法の勉強もさせてもらいました。運送業では、人々の人生模様を感じながらのよき汗を流しました。

下宿先で、徳治さんは、「夢」の話をされたと思います。

「若葉塾」…自力更生で自然に親しみ日本の将来に影響を与える人と語りあえる塾。幕末の松下村塾のようなもの。日本の曙を築く学び舎ができればいいね。

僕たちに何か出来ることはないかと、鍋にラーメンを入れて、コップですすりながら話しましたね。大学の授業中に、ベトナム戦争・産学共同の問題などがあり、ある学生が教室に話をさせてくれと入ってきたとき、待ったをかけ、「授業を続けるか話を聞くか、教室の意見を聞こう」と声をかけ、クラスの代表として「天本聞いてくれ」と佐々木さん・山田さんに言われ、授業を続けたのを思い出します。それ以来、クラスの山田さんや佐々木さんなどとともに、徳治さんと語研・法研のサークル活動を始めました。語研では中国語・英語、法研では長沼訴訟について本を読み、勉強会を楽しくしましたね。大学の友好祭では、脚本山田さん「寄合酒」を上演しました。今の自分の基盤は、大学時代の「夢」の延長線上にあるのかもしれません。これからも、残りのよき人生を楽しみましょう。

1983年　第7回関西日中友好青年キャンプ参加
　　　　北京—内蒙古—北京
1986年　大阪に故宮図書館館長の息子さんが勉学に来られ交流する。
定年退職後、大阪市立南高校の国際交流部に所属し、中国の高校と交流
大阪市立扇町総合高校で、イラク・シリア戦争の講演会など生徒向けの文化交流・平和学習を行なう。

憲法・法学研究の手習い

豊中の学校警備を終えて帰ったある朝、下宿の先輩で中村九一郎ゼミの余島芳博氏から、ちょっと紹介したい人がいるので時間をつくってもらいたいと言われました。そこで2時間後に駅前の食堂で会う約束をして、一眠りして出かけると、長島努氏、中学教師・野村明信氏、池田敬氏、馬場君も来ています。野村氏は大阪府の日中の行事で見かけていましたが、他は初対面でした。長島氏が開口一番、中村先生の紹介もあり、ぜひとも法学研究部の再建に協力してもらえないか、馬場さんと協力して取り組んでほしいと言います。余島氏もよろしく頼むと脇からだめ押しをするので、義理と人情に押し切られ、引き受ける羽目になりました。まず、馬場君を部長にして、私は側面から取り組みましょうと返事をしたのです。

2、3日後、部室で加藤君、馬場君と何から始めるか話し合い、まずは部員の募集と、日本国憲法や国内を見つめる機会にと、「朝日訴訟」の学習会を始めました。また、大学祭では「憲法と自衛隊の長沼ナイキ基地訴訟を考える」講演会を千葉勇夫本学教授にお願いしました。今まで日本国憲法の解釈など人ごとに感じていましたが、シンポジウムとなると誰が基調報告をするかなど、馬場部長を支える事前学習にも熱がこもりました。何とか無事にこの行事を取り仕切り、「再び法研あり」との存在感を示しました。

しかし、その後、各大学の法学研のサークルから各種の案内をいただくも、私はアルバイトのため失礼を貫きました。ある日、関西大学から挨拶に伺いたいとの連絡が入り、来る者は拒まずの方針により、後に塩川正十郎の後継者となる谷畑孝氏が挨拶に来ました。彼は当時、上田卓三衆議院議員の私設秘書を兼務し、後におおさか維新の会副幹事長となりました。珍客に知恵を絞りましたが、理論不足のにわか武装では太刀打ちできませんでした。

馬場君はこうした理論闘争が得意でしたが、私は「飯の種にならぬ議論はするな」の家訓を守り、用事を見つけては早々と退散するのみで、他のサークルからは「まあまあ法研」と揶揄され、新人が嘆いていました。こちらとしては、無意味な論争は百害あって一利なし、黒正イズムのマックス・ウェーバー研究を始めたばかりで、中途半端は毒薬になる、まず自己鍛錬がいちばんと自分に言い聞かせていました。

ただし、現代中国論と日中関係の動きについては、現地での視察のおかげで少し熱弁を振るうようになり、他大学との交流でも相手に引けを取らない気概で臨みました。

笹山さんとの思い出

山田和廣（大和大学教育学部教授）

Ⅰ　大学祭

（1）大学祭での共演

①1回生の時に、クラスの有志で落語を演劇用に書き下ろして上演。この活動をきっかけに友人の輪が広がる。笹山さんのまじめで何事も真剣に取り組む人柄を発揮。

②2回目、ふたりで学園祭の時に漫才コンビを組む。どのようなネタであったか定かではない。練習もそれほど熱心にしなかったが、即興で話が進むなど気が合っていた。

2　中国にシフト

第二外国語として中国語を受講。当時の毛沢東の思想に興味を持ち、中国語を猛勉強。学生時代に「人民中国」の雑誌を購読。これから世界に影響を及ぼすのは中国だと、中国に興味関心を示して研究を進める。周囲にも中国の政治経済について持論を披露。私も多少影響を受けて、中国からの機関紙を購読。この大学時代の経験が、その後の笹山さんの人生に影響を与えたと思われる。

3　古いアパート

大学に近い関係で、帰宅ができない時や、ダベリングする時によく部屋に上がり込んでいた。一度だけ部活歓迎会で電車がなくなり泊まる。部活の後輩（女性）も一緒に世話になる。笹山さんは、一晩中緊張して寝られなかったと告白。純粋で無垢な性格を再発見。素直な人間性を改めて知る。

4　卒業後の交流

卒業後、わが家に泊まりに来たり、互いの結婚式に出席。それぞれこれまでの人生の経過について交流したり、今後の生き方について情報交換を重ねる。常に新たな目標を掲げて前進する姿から、バイタリティ溢れる生き方をしていると感心する。

訪中時万里の長城へ =1972 年

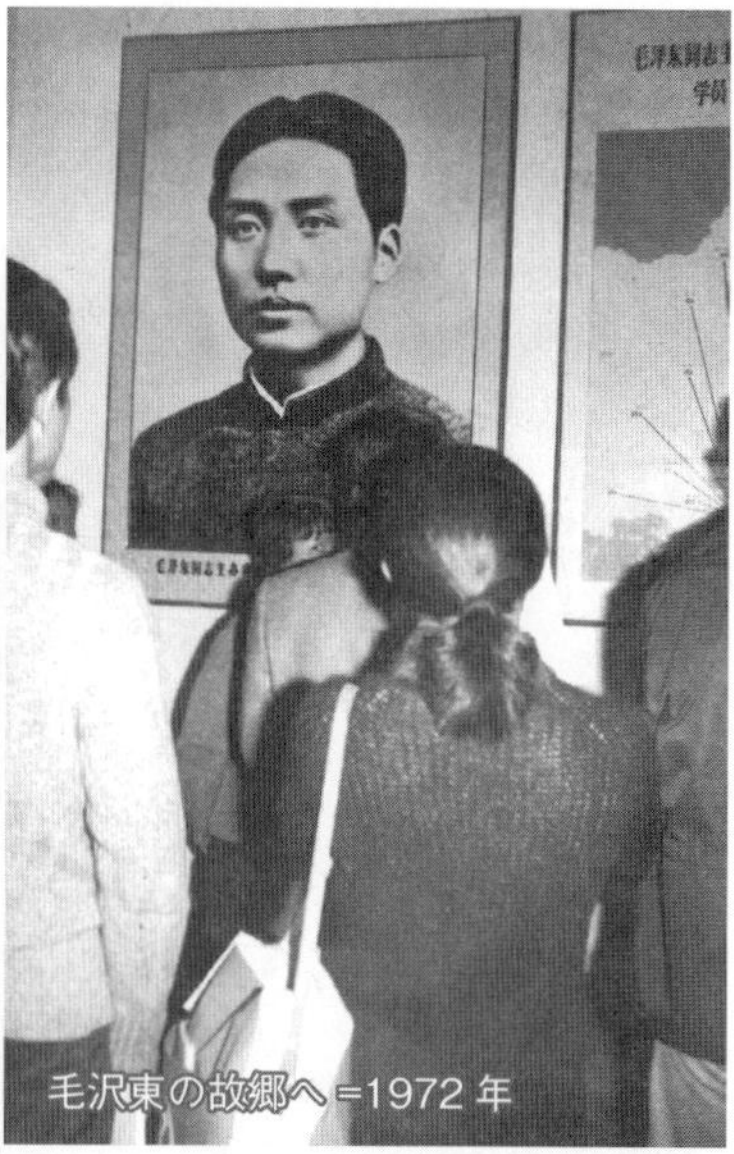

毛沢東の故郷へ =1972 年

1972年の暮れ、関西の青年代表団の一員として中国を訪問。万里の長城、天安門広場、毛沢東のふるさとへと、1カ月余りの旅となった。

訪中時万里の長城へ =1972 年

第3章

吉備物語

急遽岡山日大高校へ赴任

大学卒業を控えた1974年春、教育学の田中教授から下宿に連絡が入り、至急ゼミの指導教官である田岡理事長のもとへ行くようにと言われました。私は寝ぼけ眼で、何事かと思いつつ、急いで田岡研究室へ行きました。

研究室の扉を開けると、4月2日に岡山県倉敷市の岡山日本大学高校（現・倉敷高等学校）へ面接に行くようにとのことです。田岡理事長は、大学の先輩である新明博先生親子から、ぜひとも元気のある教員を派遣してほしいとの要請で、黒正巌先生の故郷である岡山に誰か送れないか思案した末、私以外に思いつかないので是が非でも行ってくれと、半ば「業務命令」に近い口調でした。なおかつ、「前々からゼミでおまえと議論して、新中国へ出かける挨拶に来たときの思いも聞かされた」と言われたため、私は「これも何かの機会かな」と、岡山行きを前向きに考えることになり、着任が決まりました。

4月6日には加藤君の運転するレンタカーで倉敷に引っ越しました。そして、大原美術館の近くに下宿することになり、新米教師の誕生です。学校警備の仕事で2年あまり働いていたので、あまり気後れすることなく、同僚の7人の新人教師とともに、地理の教師として生徒たちとの対面式に臨みました。先輩の新先生がいろいろと面倒を見てくれ、また朝晩の食事つきの下宿では老夫婦のお世話になりました。

最初はバスで通っていましたが、終わりの時間が不特定なため、自転車を手配してもらうことにしました。自転車通勤は朝の生徒たちとの出会いも楽しみのひとつになりました。

バレー部の監督になり、生徒の名前も覚え始めた頃、理事会の内紛で校長が辞任する騒ぎになり、就任早々出鼻をくじかれました。私を含む新人教師7人も、組合に加入して学校経営者の経営健全化を求めました。まるで、卒業前の1~2月に大学であった学費値上げ反対闘争の延長のようでした。

5月に入ると連日遅くまでの交渉で、下宿に帰り夕食を準備してくれる大家さんに申し訳なく、夕食はなしにしました。高校は理事長不在のために、新たな理事会と新校長の決定が急務となりました。幸いにも、元岡山県教育長で剣道家の井上陸太郎氏が校長に就任して事態が収まりました。

阿波踊りの里から若武者参上

校内も少し落ち着き、私もようやく本来の仕事に就くことができました。地理の授業のある1年生のクラス全員に、お国自慢と自分の育った故郷の産業PRを兼ねた自己紹介をさせました。日大をめざして、京都、兵庫、島根、山口、広島、香川、愛媛、徳島と、親元を離れて下宿生活をしている生徒も少なくありません。クラスの人間関係もようやくできた頃で、大いに盛り上がりました。

　県内鏡野町の山田養蜂場近く出身の中山圭二君は、地元作州の宮本武蔵の恋話。阿波踊りの里から来た前田大介君は、父親が三木武夫や後藤田正晴氏と激戦を繰り広げる社会党の前田定一氏で、子どもの頃から政治の話を聞かされて育ち、金権選挙の話は驚きでした。また、両親が家具製造業を起こし名産家具のブランドに燃えている森田秀之君は、高校生起業家社長の迫力で特産品を説明しました。さらに尾道の佐藤志行君は、医学部をめざして家業の病院を継ぐと言います。それぞれ目標が定まり、逆に私の方が将来を考えさせられました。

　1年遅れて入学した桜木健一君は、後に「なっちゃんの写真館」で有名になった写真館の親戚で、父親は市議会議長で徳島のドンといわれる人物。同郷で岡山大生の黄田氏を家庭教師に受験に取り組む元気な生徒。卒業後、30年以上も付き合いがあります。

　私が社会問題研究会を立ち上げることができたのも、彼らの後押しとやる気があってこそでした。研究会は岡山県内の社会調査、総社市の国分寺、雪舟の逸話、高松所と農民、といったテーマをはじめ、最初は各地の名所めぐり、県内の部員の故郷めぐりから始めました。直島に行って帰りの船に乗り遅れ、部員の家に宿をお願いするはめになったこともありました。

岡山大学との不思議な縁

岡山大学とは何かと不思議な縁を覚えます。ＡＭＤＡの創設者・菅波茂医師をはじめ、アジア伝統医学研究会の岩垣、牛尾医師など多くの医学関係者との出会い、岡大の前身である第六高等学校に留学した郭沫若、岡山県学術代表団（川崎医科大学創設者）の毛沢東主席との会見、新中国との交流を推進する法文学部の石田米子女史などの研究者の方々……。

とりわけ大阪経済大学初代学長・黒正巌先生は、西大寺にある現代中国の画家・范曽美術館近くの中山神社の神官の家の生まれで、岡山第六高校へ毎日歩いて通い、縁あって岡山市の豪商・黒正家の養子になりました。京都帝国大学へ進学、経済学部を卒業後、岡山県の百姓一揆やマックス・ウェーバーの研究で知られ、本庄栄治郎らとともに日本経済史研究所を設立しました。

大阪経済大学設立の話は前章に詳述したので省きますが、当時、母校の第六高校で新制大学化へ尽力していた彼のもとへ、大阪経済専門学校の学生たちが自費で足繁く岡山に通い、黒正学長なら新制大学として認可するとの文部省の方針に、苦渋の選択を下されたのです。黒正先生は岡山と京都学派をつなぐ大きな支柱でした。

山田方谷の村おこし、股鍬の財政改革

岡山日大高校の教師として、中学の訪問や生徒の家庭訪問であちこち訪れました。そのひ

とつに、同僚で同期の妹尾南先生と彼の故郷賀陽町（現・吉備中央町）の中学校に生徒募集とバレー部の勧誘に訪れたことがあります。帰り際に、時間があれば岡崎嘉平太先生の生家を見て帰ればと勧められ、さらに高梁市にある松山藩の寺子屋創始者・山田方谷先生の資料館も勧められました。あいにくその日は時間がなかったため、後日、社会問題研究会の遠足と親睦を兼ねて、伯備線で出かけました。

山田方谷は備中松山藩の藩政改革を成功させ、後に最後の将軍・徳川慶喜を支えました。高梁市の農家の出身で、寺子屋を起こして人材を育成、10万両の大阪商人からの借入金を米の直売、たたらの活用で農業用の股鍬を生産し、全国に先がけて販売するなど、現在の村おこしを藩で取り組みました。この地を、高梁市のひとつの先進例として、15年後に「中国地域村おこし経済サミット」の発言者として、さるかに共和国の村おこし閣僚と再び訪ねることになるとは、このとき思いもよりませんでした。

私の各地での団体の組織論の原点は、人材育成と飯が食えること、どんなよい話も経済的な利益と団体に有益でないと無益な空論になって長続きしない、ということです。あの時代、身分制度の中、農民出の山田方谷の生き様が、日本をフランス、イギリス、ロシア、アメリカなどの外国の植民地支配、内戦から防ぎ、最後の将軍・徳川慶喜の知恵袋として、老中板倉5万石を、国許の家老として支えた知恵に、庶民の力の無限性を感じます。多くの藩が赤字で農民に高額な年貢を取り立てる中、借入金の返済だけでなく、藩の財政を20万石の黒字に変え、百姓の抵抗・反抗に無策無能な藩校出身でなく、寺子屋の弟子たちに人材発揚の道を開き、井原の興譲館の創設者、長州軍の攻撃から玉島を守る人材を育成しました。

大原孫三郎と人材育成

倉敷の美観地区に下宿して、いつも休みの日には、教え子の父親が営む古本屋「長山書店」に通い、お父さんから倉敷の歴史を聞くのが楽しみでした。長山書店のすぐ前には、大原孫三郎の大原家がありました。私は長山さんから、大原孫三郎が備前の閑谷学校でいじめを経験したことや、石井十次との出会いをとおしてキリスト教の慈善活動に参加し、石井の孤児院を支援したことなどを、お茶を飲みながらお聞きしました。孫三郎はその後、古書、史料の収集なども行ない、成羽町出身の児島虎次郎に収集を依頼した各国の美術品を収蔵する大原美術館を開館しました。

また、赤いレンガの屋根がシンボルの倉紡中央病院（現在の倉敷中央病院）を設立し、倉紡の工員のみならず市民の診療も行ないました。それから、社会問題の研究機関として大原社会問題研究所（現在の法政大学大原社会問題研究所）を開設。後にマルクス経済学の研究が中心となり、大原社会問題研究所や孫三郎も特別高等警察から警戒されましたが、戦後になり復興しました。その一方で、孫三郎は中国合同銀行（現・中国銀行）、中国水力電気会社

（現・中国電力）の社長を務め、大原財閥を築き上げたのです。

また、戦前の中国へ視察に出かけ、関東軍が起こした満州事変への国際連盟リットン調査団を大原美術館へ招き、後に視察団の一員が神田の古書店街と倉敷を空襲から除くようにと助言し、貴重なヨーロッパの芸術作品をアメリカの空襲から守ることになりました。また、北京で貧困地域の中国人女子を対象に崇貞平民女子工読学校（後の崇貞学園）を設立した清水安三（後の桜美林大学創設者）を支援し、多くの人材を育てました。また、岡山と中国の架け橋となった芳井村（現・井原市）出身の内山完造（後に日中友好協会初代理事長）などの民間人にも理解を示しました。

日中友好の井戸掘り人たち

私は岡山県の生活にも少し溶け込み、学園の理事会態勢も少し落ち着いて、生活のリズムを取り戻しました。バレー部の監督としては、相変わらず陸上部、野球部と競い合い、運動場の片隅で部員の安全を確保しての練習に明け暮れました。陸上部では狩谷先生が就実高校へ転勤になり、やり投げで有望な横溝君は気が抜けた感じでした。

岡山の「中国を知る会」吉岡一太郎会長は、岡山ヤクルト販売の創立メンバーで、戦前、東映の京都太秦映画制作所で労働運動を体験され、早くから京都の中国研究の知識人と知り合い、内山完造氏の秘書兼連絡係でした。中西寛治氏は岡山市立オリエント美術館の山本遺太《いた》郎《ろう》館長と交流がありました。会の世話人・森本老人は、栄西和尚のお茶を極め中国の禅茶会を広めるかたわら、日中友好農園を全国に広める活動を行ない、北京の中日友好農園から野菜の種を手配して各地の農園で中国野菜を栽培させるという、今流にいえば「無農薬・健康を考える自然派」の旗手でした。戦前、兄が戦争に反対して治安維持法で逮捕され、事実上国外追放になり、家族も中国東北地方へ職を求めて放浪し、黒竜江省「北太荒」の原野に残された残留日本人孤児たちと、生きるために荒野の開拓に参加、後に王震国家副主席兼中日友好協会名誉会長と知り合いになりました。弟の板野勝次は戦後初の参議院議員選挙で共産党の議員として当選しました。当時の開拓の様子は版画家たちの紹介で、「北太荒の版画」として李平凡氏の「版画世界」で紹介され、日本でも広島版画協会の浜本桂三・比治山大学教授の展示で紹介され、福山や神戸で好評を得ました。

あるとき、岡山大学麻酔科の時実教授の鍼麻酔についての講演と映画学習会が岡山市内でありました。岡山県私立学校教職員組合の助成金の学習会で、（江田三郎代議士の同郷の社研部江田先生建部町より。江田三郎、江田五月がここでどういう関係があるのか不明。三郎は国会議員落選中、五月は元々法曹界の人間で、後に父を継ぎ社民連へ）会場は就実学園でした。早めに行き、陸上部の練習に立ち寄りましたが、あいにく狩谷先生は不在で、他の先生が練習を見ておられました。就実高校の陸上部には、マラソンの有森裕子選手が入部していましたが、彼女がその後、ＡＭＤＡ主催、サンケイスポーツ後援のカンボジアマラソンに関わることになりました。

職場の中でも、１９７７年秋、吹奏楽部の顧問・中桐実作陽音楽大学教授と、できたばかりの倉敷日中友好教会会長・大源実県議、副会長・古谷重幸市議の歓迎委員会主催により、中国北京芸術団を迎え、倉敷公演を実現しました。吹奏楽部は歓迎行進曲「中国の式典の儀典曲」を部員一同一夜漬けで練習し、楽譜を手に演奏して、地元テレビ各社でも放送されました。団員に随行した新華社の劉徳有記者や後文化次官も、地方に来てこんなに熱烈歓迎を受けたことに驚いていました。たくさんの市民を魅了し、倉敷市民会館での歓迎式でも演奏し、おかげで部員は芸術団の公演に無料で招待されました。

10年後、中桐先生はＡＭＤＡ支援音楽コンサートを福山市民会館で行ない、そのとき、野球部の景山、北谷、その知人の倉敷工業、倉敷商業、水島工業の野球部員たちが、公演会場の警備員として会場を裏方で支えてくれました。

東京神田での日中友好協会理事会

岡山県日中友好協会は、朝鮮戦争前夜に帰国できず中国に滞在していた内山完造が、全国に先がけて結成したものです。日本側の連絡責任者・中西寛治らが、占領軍の監視下で血の出るような苦労によって組織されたのです。

岡山県日中友好協会の旗揚げによって、中国在留日本人の帰国が全国的に組織化され、上海での岡崎嘉平太と周恩来の指導のもと、中国紅十字社と日本赤十字社の連絡態勢も整えられ、中国大陸に残された100万人近い民間人、軍属、捕虜の帰国が進みました。中でも、国策として黒竜江省、吉林省、遼寧省の東北3省へ入植させ、戦前の農林省官僚による満州分村計画に従い、地方創生、基盤整備補充金のアメとムチで「王道楽土満州国」へ村を挙げて送り込まれたあげく、関東軍に見捨てられ、現地住民の反抗にあって生死の境を生き延びた満蒙開拓団の捕虜を、人道的配慮によって帰国させました。

日中戦争に参加し、陸軍中将として戦犯になり収容された大連戦犯収容所で、加害者としての痛恨の反省を行ない、特別に保釈を許された藤田茂は、帰国後、民間の交流の大切さを自覚しました。

日中友好協会の初代会長には松本治一郎を選びました。彼は、戦前の福岡連隊差別事件とたたかい、戦後の国会での「カニの横ばい拒否事件」（「人間としての礼儀は尽くすべきであるが、拝謁というような封建的、旧憲法時代そのままに、人間が人間を拝むというような形式一点張りの礼儀はばかげたことであり、天皇をまたもとの神にするようなものである。旧憲法下の日本に逆行する危険が多分にある」として国会の開会式に天皇を拝謁するのに、天皇に頭を下げたまま横向きに退出するのを拒否した事件）で有名な、戦前の全国水平社の指導者であり、部落解放全国委員会委員長でした。

岡山県の協会も紆余曲折がありましたが、朝鮮戦争後のマッカーサー旋風で左翼排斥の動きの中、旧労農党指導者で社会党左派の黒田寿男代議士・日中友好協会会長のお膝元で、会員も社会党関係者が多く、岡山の大学関係者、友好商社の会員で構成されていました。当時の江田三郎代議士の社会党岡山県本部では、一部の会員が友好協会に加入すると党を除名されるという時代を経て、岡崎嘉平太先生の尽力もあり、倉敷レーコンビニールプラントの中国輸出等、冷戦下の時代に光を放ちました。

１９８３年、全国の理事会が東京の学士会館であり、日本青年団ＯＢの柳本嘉昭青年委員会委員長、西井勇副委員長とともに参加したことがあります。このとき、中国青年や青年委員会の皆さんの移動費は全日空が特別価格で提供しました。参加者は高齢者が多く、岡崎顧問は、友好の跡継ぎのためにひと肌脱ぎましょうと挨拶され、階段を杖で歩いて帰られました。その途中、私が岡山県から自腹で参加していることを知り、岡山の全日空の事務所に連絡しておくので格安チケットを利用してくださいと声をかけてくださったのです。その後、日中航空便増便交渉の帰りの先生に、偶然香港のホテルで再会し、「若い人に大いに期待しています。頑張りましょう！」とおっしゃった言葉が、今も耳に残っています。

AMDAの源流の人々

ＡＭＳＡ（アジア医学生連絡協議会）の牛尾光宏氏（岡山大学医学部、後に広島県保健福祉部長、厚労省大臣官房審議官）、小池達也氏（大阪市立大学整形外科医）ほか、アジア伝統医学研の若手医学生と共同で、岡山でアジアを考える集いを持とうと呼びかけ、若輩の社会問題研の学生や、解放後初めての「日本ベトナム友好の船」西井勇団長（三重県青年団）、原節氏（岡山大学学生）らが参加してくれました。私たちは、当時のアジア伝統医学研究会の医学生たちの、多様性あふれるアジアへの関心と探究心に大いに触発されました。「条件がなければ自ら条件をつくりだす」開拓精神―秋田大学医学部の遠田耕平医師の言葉でした。彼とは20年後に、カンボジアのプノンペンで再会することになりました。小池医師（東京医科大学、後にＩＬＯジュネーブ代表）とは、１９８４年の日中３０００名の青年代表団で再会し、上海、南京、北京コースの旅を満喫しました。今思えば、岡山「吉備の国」の先取の思想と相手にこだわらない風土が、多くの出会いを生み出してくれました。

ＡＭＤＡとも関係する国連難民高等弁務官、ＪＡＩＣＡ理事長を歴任された緒方貞子女史の曾祖父・犬養毅は、中国建国の父・孫文医師の辛亥革命を支えた自由民権、国会開設運動の指導者であり、岡山市北区川入の生まれです。

備後福山の神辺城下本陣の次男として生まれた菅波茂医師のＡＭＤＡ創設を生み出す土壌

が、吉備の国で花咲く新芽が育ち始めていました。

青山英語塾の永瀬隆、藤原夫人の倉敷とタイのイエム将軍

ＡＭＤＡの創設に大きな影響を与えた永瀬隆氏は倉敷市生まれ。１９４１年、青山学院文学部英語科を卒業後、通訳として陸軍省に入省しました。そして１９４３年、タイに赴き、泰緬鉄道の建設にあたり、通訳として従事し、40万人のうち12万人が死んだといわれる捕虜虐待の現場に出くわし、後に、このことについて証言しました。いわゆる日本軍のインパール作戦で、映画「戦場にかける橋」のモデルにもなりました。敗戦後は逆に連合軍捕虜の墓地捜索隊の通訳になりました。

１９４６年、日本に帰国し、１９５５年に帰郷して倉敷市で英語塾「青山英語学院」を開きます。そして、１９６４年から毎年タイを訪問し、泰緬鉄道建設に駆り出されて病気などで死亡した連合国兵士およびアジア人兵士・労働者を慰霊してきました。１９８６年には、タイに「クワイ河平和寺院」を建立、同年、タイの青少年に奨学金を授与する目的で、「クワイ河平和基金」を設立して代表となります。同年に、岩波ブックレット『「戦場にかける橋」のウソと真実』を出版しました。

敗戦後、イギリス、オーストラリアの兵士たちの和解と、タイ人たちに助けられる中で仏

の教えに従い托鉢僧になった人物との数奇な運命と出会いを記録した本をタイ語で出版。その作業を担ったイエム将軍は、日本軍のタイ通過攻撃へのタイ軍前線司令官、日本の敗戦に際して国連軍タイ軍司令官であり、タイ、カンボジアの前線１８０㎞首都攻防の責任者として活躍し、退役後、ＰＴＡの全国会長、ボーイスカウト会長など国際青年交流を推進されました。縁あって、藤井禅郁和尚の奉仕で仏像をタイ、カンボジアのお寺再建に伴い送る事業の中で、タイ軍の国境管理所で偶然知り合いました。以来、多くのタイと日本の青年、教育・医学交流に取り組みました。

福山から訪れた菅波医師は、永瀬、藤原夫人のお話に共鳴され、タイ語の本をタイで出版しましょうと言い、永瀬さんの看護師育成の取り組みなどタイ人のためにたくさん貢献されたことに感謝されました。この出会いで、タイのカンチャナブリでの活動、元日本兵の鎮魂活動がおおいに進みました。そして岡山大学クワイ河―カレン族難民キャンプ医療団の多田医師（広島市民病院）との縁など、ＡＭＤＡの源流の基礎となりました。

イエム将軍とその家族はわが家の里山への民泊交流などをとおして、娘のイノ、その夫のトド中将、その息子の将軍と、三世代の付き合いになりました。帰国のため大阪へ向かう途中には、菅波宅、病院を訪れ、奥様の知子医師の手料理に皆満足して帰国しました。その後、多くの団員がDr.シュガー＝菅波夫妻の多忙な医療活動の中、真心のおもてなしに感動して帰りました。また、清水直樹医師夫人の岡山散策めぐりの際には、参加者一同、３Ｓ＝ＳＵＧ

ANAMI、SHIMIZU、SASAYAMAは、現代の山田長政だと冗談を飛ばしました。

永瀬氏の記録をタイの青年教育関係者に紹介できたのは光栄なこと、教育者のはしくれとして、歴史を後世に伝承する意義ある出来事になりました。将軍に「コーコクン、ありがとう」と言うと、将軍は「マイペンライ、どういたしまして」とはにかみました。

鶴形山牧場に自然体験村を夢見る

多くの若者や客人を迎えるのに、下宿での宿泊はいささか限界を感じるようになり、といって倉敷観光のための高級ホテルでは難があり、若者や今流のバックパッカーが泊まれる宿としては向山のユースホステル以外にないため、しばしば私を訪ねてくる友人たちをアイビースクエアの近くにあるユースホステルに案内しました。ユースホステルは、羽島の私の下宿から山道を歩き山の上にある小さな宿で、旅の宿としては穴場でした。

山頂には亀山秀章さんがお父さんの牧場を引き継ぎ、牛を飼育していました。お父さんは倉敷市の進歩的な市議として活躍され、日中友好や農業と地域の産業に関わられ、田舎暮らしのスローライフを倉敷の観光に活かせないかと尽力されていました。

あるとき、大阪経済大学山岳会の仲間が、蒜山トレッキング登山の帰りに、倉敷ユースホステルに集まり、法学研の後輩の依頼で向山を散策しました。そのとき、乳牛の子牛が２頭、柵から飛び出して逃げ出し、草を食べているところを捕まえて、亀山牧場へ送り返したところ、新鮮な牛乳をご馳走になりました。こうした縁で、私は時間があれば往復３㎞の山道を通って、亀山さんと酒を酌み交わしながら、観光の名所と若者の宿をこの地につくれないものかと熱く語ったものです。亀山さんも、日本の畜産業は乳牛メーカーへの購入価格が抑えられ、このままでは行き詰まる、何とか蒜山の観光農園と自然体験村の小型版でもできないだろうかと、自立した観光農園を考えていました。亀山さんはその頃、縁あって嫁さんをもらいました。彼とは「天の半分を支える婦人」への思想教育—国の安心、安全な自給率を高める里山農業—向山の村おこしを話し合いましたが、私も安月給取りで資金不足です。その後、亀山さんは牛乳配達の仕事を始め、新しい嫁さんと相談しながら、規模を縮小して兼業の牧場を守ることになりました。

夢の若者の宿、岡山青年会館として実現

広島県沼隈町（現・福山市）出身の山本滝之助は、青年団の父と呼ばれ「田舎青年」社会教育の提唱者です。また、佐賀県出身の田澤義鋪は青年団運動を推進した政治家で、『次郎物語』のモデルにもなりました。しかし、彼らの努力によって結成された大日本連合青年団は、

軍国主義体制の支柱の役割を果たすことになりました。

戦後はGHQの民政局によって軍国主義の担い手であった青年団を民主的な団体として再生させようという働きかけがあり、市町村の青年団の全国的な青年組織として名称を日本青年団協議会と改称しました。そして、青年の自主的な組織として、平和や民主主義の啓蒙、世界の青年との友好交流の推進、村の伝統文化の継承、青年指導者の育成、さらには農村4Hクラブ、産業育成に取り組む中核的な青年組織のひとつになりました。

そして、三重県の西井勇氏が中心となり、全国の青年団の仲間が募金を集めて、東京都新宿区の明治公園近くの大日本青年団の旧日本青年館を取り壊し、「若者の宿」を建設する募金活動を進めました。そして、歴代青年団OBの竹下登、海部俊樹、細川護熙、中曽根康弘、浜田幸一ら自民党の政治家をはじめ、社会党、共産党などの協力を得て3億円近い基金を集め、1979年に日本青年館が完成しました。

その後、各都道府県の青年団も各地に青年会館をつくる動きが加速しました。岡山県でも、岡山市津島町の岡山大学近くに、モーターボート協会ほかの各種団体、県内青年団の基金支援を受けて、1988年に岡山県青年会館が完成しました。また、今東京の日本青年館も新築中であり、新しい青年館が若者の館として首都東京に出来上がります。

中国北京芸術団の歓迎＝ 1975 年

岡崎嘉平太氏

1974年春、大学を卒業し岡山県倉敷市の岡山日大高校の新米教師となった。岡山は、大阪経済大学の初代学長・黒正巌先生をはじめ日中友好に尽力した岡崎嘉平太氏らを生んだ土地だ。

岡山大学の基礎をつくった黒正巌先生像の前で

第4章

備後物語

福山市日中友好協会の誕生

倉敷での北京芸術団の公演は、中国通の人々や多くの市民に歓迎されました。吉岡金市博士（金沢経済大学学長、公害問題とりわけ土壌汚染処理研究の第一人者）が元大原農業問題研究所との関わりで古くから中国社会科学院の郭沫若委員長と交流があり、博士の自宅へ新華社の劉徳有記者が取材に訪れるのに私も同行したところ、歓迎会に多くの若者がボランティアで参加していることに、博士もいたく感動されていました。

その後、京都大学農学部の飯沼二郎博士のリサイクル運動の弟子で、1971年に日本で最初に学生訪中団を組織した森康二郎君（中国政府・江沢民主席から佐渡へ贈呈されたトキの繁殖に取り組み、退職後山階鳥類研究所研究員、JICA専門家としてインドネシア、中国陝西省のトキの繁殖保護に取り組む）が、環境庁の児島鷲羽山の瀬戸内海国立公園管理事務所へ赴任してきました。彼は関西現代中国研の仲間です。鷲羽山の頂上の宿舎で仲間が集まり、酒を酌み交わしながら近況報告をし、彼から瀬戸内の景観保護の裏話を聞かされました。

また、中国研の佐々木哲男君（東北出身、魯迅文学研究家）から、「京都府日中友好の船（井上清団長）の参加者で、福山の草戸遺跡研究所の伊吹尚さんが協会に入会されたので挨拶に行くように」との、宮崎世民日中友好協会全国本部理事長からの伝言を聞かされました。宮崎さんの岳父・九州男児の宮崎滔天は孫文の辛亥革命を金銭的に誠心誠意支えた憂国の志士で、香港で写真館を経営していた梅屋庄一と同志の間柄。佐々木哲男君は京都府日中友好協会の再建に仲間と尽力し、初めて中国登山協会との窓口を開き京都大学学士山岳会を組織し、チョモランマ登山を実現するなど、新たな日中運動を始めていました。

残念なことに、彼は第二次京大登山隊が雲南省梅里雪山の６０００m級以上の高山に登山中に遭難し消息を絶ちました。１９９６年2月、ＡＭＤＡ雲南地震救援の時、私が中国現地雲南代表調整員として活動している際に、梅里雪山地区の少数民族チベット族の医療機関などに彼の捜索の状況や現地への道筋を尋ねました。そして、中面地区（現在はシャングリラと命名）で当時の消息を聞いたところ、行方不明のまま十数年が経過した後、雪山の氷河から遺体が発見されることになりました。大阪の会計事務所で新しい仕事に就くことが決まり、大阪府日中友好協会の事務所で嬉しそうに話していた会話が、彼との最後の思い出になりました。ＣＭの宣伝面で、当時サントリーのテレビコマーシャルを中国の天山山脈で撮影する企画に取り組み、経営能力も冴えていました。今となっては冥福を祈るしかありません。

その後、土曜日の午後、父のシベリア抑留の古傷が再発して入院しているのを見舞いに金丸の田舎に帰る途中、福山の水呑にある県の教員宿舎に伊吹さんを訪ねました。そして、福山で日中友好協会を組織できないかと意見交換をし、次回意見交換の予定も決めました。その際、中国研究会の矢田翠先生、上海の内山書店で魯迅と会っている書店経営者の児島亨氏と会うことにして岡山に帰りました。

そうして1978年4月、『青春の北京』の著者・西園寺一晃氏を招き、日中平和友好条約締結をめざす講演会を福山商工会議所で開催し、150名の参加のもと、福山市日中友好協会を発足させました。そして、重慶からの帰国者の小川さん（のち興銀リース中国室）を講師に、最初の活動として本庄解放会館で中国語教室を開くことにしました。

それと同時並行して、私は労働組合として「半覇権主義反対、北方領土返還、日中友好」を推進する総評傘下の全国一般労働組合広島の小野惣一委員長に挨拶に訪れ、協力を要請しました。そして、半年間の父の病院への見舞いの合間に、伊吹先生のところに通い、伊吹尚支部長、児島亨副支部長、笹山徳治事務局長によって福山市日中友好協会を結成しました。

備後の故郷へ

その頃私は、バレーが縁を結んだ連れ合い・高校体育教師の洋子が、府中高校から広島県立豊高校のバレー部監督を引き受けたこともあって、仕事場である倉敷市の日大との中間地点である福山市千田町に新居を構え転居しました。福山駅から山陽本線で中庄駅まで電車通勤です。電車内では、通学の生徒たちの備後弁を久しぶりに聞くことになりました。福山城近くに住むバレー部の田村俊明君ともよく同じ車両になり、備後方言の持つ郷土愛や仲間意

日中平和友好条約早期締結をめざす「映画と講演のつどい」＝ 1978 年４月９日

1980年 5月20 毎日

友好とは? 汗を流して考えるもの

日中農園が誕生

高校教師と教え子の手で

福山

中国産野菜を栽培

日中農園が誕生＝ 1980 年５月 20 日

中国帰国者・在日朝鮮人と

若者ら教科書キャンプ

福山の学生ら企画

友好宣言出す

1978年４月に開催した日中平和友好条約早期締結をめざす「映画と講演のつどい」の開催を契機に福山市日中友好協会が発足し、さまざまな活動につながっていく。

中国帰国者と在日朝鮮人との友好キャンプの開催＝ 1982 年８月

識を感じたものです。

福山市日中友好協会の連絡事務所となった元町天満屋の児島書店へも、高校教員の伊吹尚支部長と待ち合わせてよく足を運び、児島亨店主の上海内山書店時代の思い出話を聞きました。児島氏は戦前、内山完造氏の知人が始めた参天製薬の大学目薬の大陸市場での販売に職を求めて中国へ渡りました。その後、内山書店で働くことになり、当時の国民党蒋介石政府からお尋ね者となった文豪・魯迅先生を内山書店の住居にかくまい、食事を届けていた頃の話など、話題は尽きませんでした。

また、協会会員の勧誘に行く日程を決めるため、伊吹先生と神辺の中国研究会・矢田翠氏を夜遅くに訪ね、中国の婦人運動の研究や初めての中国訪問の話を聞いたり、私が教育実習に福山商業高校へ行って初めて矢田先生に出会った話などするうちに、同じく高校教師をされているご主人の矢田章人氏も町内の会合から戻られ、時間を忘れて夜更けまで話し込んだこともありました。翌朝は伊吹先生を水呑の官舎へ送り、そのまま国道2号線を軽四輪車で倉敷へ走り、途中、同期の尾藤、妹尾先生を拾い、朝礼にぎりぎり間に合いました。日頃生徒に遅刻をするなと話している手前、冷や汗ものでした。

岡山日大高校の行事で代休を得たときは、全国一般労組福山支部の小野惣一委員長へ挨拶に行き、山本保副委員長、いとこの上元勝太郎や村上さん、佐藤さんが閉鎖争議中の会社の近況を聞いたりしました。手城町の村上さんからは、娘が高校で教師とうまくいかず不登校が続いていて困っているので相談に乗ってくれないかと言われ、自宅アパートを訪ねたこともありました。たまたま、近くに日大高校の教え子の小田時計店の息子が住んでおり、娘さんの中学の同級生だったこともあり、話が弾みました。争議の方は半年間の会社再建の努力もむなしく、皆それぞれ運送会社、タクシー会社などに転職して再起を期すことになりました。

若葉塾の地元―千田町の荒木計三文化連盟会長

私は、新しい住まいの千田町の地元実力者で、近所にお住まいの荒木計三文化連盟会長（元福山市議会議長）を訪ねました。児島亨さんの話では、内山完造氏が友好運動の必要を唱えて全国各地を講演に歩いていたとき、故郷の井原市や芳井町への帰り道に荒木さんの自宅を訪ねたことがあるとのこと。突然の訪問にもかかわらず、大いに歓迎していただきました。

荒木さんは千田沼の水害被害、風土病の片山住血吸虫病のせいで嫁に来る者がなく寂れた村の歴史の話から、戦後のＧＨＱの公職追放、朝鮮戦争の時代に日本共産党の最高幹部である袴田里見副委員長が千田に避難してきていた話、その甥の袴田茂樹氏は誠之館高校を卒業後、モスクワに留学してロシア問題の専門家になったこと（後に青山学院大学教授）、瀬尾病院の瀬尾憲治院長は同期生であること、備後の書道人口は日本一であり桑田笹舟、村上さんと、栗原蘆水などが全国的に活躍していることなど、文化連盟の活動の話にとどまらず、いろいろなお話を伺いました。私の方からは、中国帰還者の教育、生活支援など社会参加の支援と、中国からの文化、芸術代表団の招請へのご協力をお願いしてまいりました。

店舗を借り若葉塾の誕生

中国からの帰国者の家族の帰国が徐々に増えるにつれて、中国帰国者支援活動の連絡事務所をつくる必要に迫られました。同時に、自由に誰でもいつでも出入りでき立ち寄れる若者の宿―倉敷から夢見た念願を叶えることができないものかと、あちこち物色していました。しかし、灯台下暗しとはこのこと、誠之館高校の帰り道、貸店舗の看板を偶然見つけました。半年前まで営業していた新鮮魚市場で、40坪ほどの平屋、駐車場も5台分あります。近所の旧家の不動産屋の所有で、家賃も安くしてくれるとのことで、早速3カ月の敷金を用意して借り受けました。

叔父の井村建材・井村富貴男社長に相談し、改装用の木材を格安で提供してもらいました。また、芦田の大工さん・渋谷さんを紹介してもらい、2週間で教室の板張りや事務所の壁が完成しました。弟の幸造の福山大学のワンダーフォーゲル部の仲間である石岡隆光、佐藤隆文、N君、井原君らが手伝いにきてくれました。「若葉塾」の実質的な誕生の瞬間でした。1

980年春のことでした。

予定より作業が早く進んだため、石岡、井原君らが毎年行っていた福山青少年ホームから上下町矢野ユースホステルまでの夜間歩行50㎞の実行委員会の準備室として利用してもらうことになりました。当日はあいにくの梅雨空にもかかわらず、100名の参加があり、体調不良や事故に備えて「救急援護隊」がつくられ、看護科の学生も参加して待機してくれました。それぞれ異なる団体からの参加にもかかわらず、井原、N君、石岡君の指導力によって、皆無事に森岡マサ子ペアレントの待ち構える上下町矢野ユースホステルに到着しました。森岡マサ子さんは、広島で被爆したご主人と療養を兼ねて上下町に移住し、生活のためユースホステルをはじめたとのこと。また、ジープの搬送隊長・前田正志君も事務所と救護隊の間を送迎してくれました。この50㎞夜間歩行は40回以上続いています。

教室では学習塾も始め、近所の小中学生の指導に取り組みました。また、中国帰国者の日本語教室も毎日曜日に始めました。中でも、尾道短大（当時）の白岳絹代、森岡美智子、清家さんたちの尽力もあり、若葉塾の生徒募集も順調に進みました。

中国帰国者の日本語教室

若葉塾にようやく教室を確保したため、中国四川省の高橋美智恵、内蒙古自治区の宮沢少元、黒竜江省の入江二郎、山東省の石井義明、吉林省の小田裕子、北京の細谷さんなどの比較的若い帰国者への日本語教育のボランティアを始める準備に入りました。教師には、誠之館高校の歴史教師であり郷土史家でもあって、満蒙少年義勇軍で中国にいたことのある森本繁氏、東京外大中国語科卒で沼隈町山南の英語教師・渡辺正先生に依頼し、快諾を得ました。そうして日曜日ごとにやさしい日本語を始めたのですが、最初は手作りの教材で始めたものの、徐々に厚生省援護局の日本の生活手引き「生活手引き日本語」などのテキストも試してみるようになりました。

そのうちに広島県援護課の上河内富美子さんから、帰国者の支援について相談の連絡がありました。広島県は長野県、和歌山県などについで満蒙開拓団の人数の多い県で、今後、帰国者が増加する見込みなので、備後地区の支援をお願いしたいとのことです。当時は個人的に、自主的な取り組みとして各地の満蒙開拓団関係者の支援が行なわれていたのです。広島県は遅ればせながらも、行政として高田開拓団の現地訪問団に同行して調査を開始したいとのことで、福山市とともに協力願いたいということでした。

当時の福山市の中川弘市長は中国引揚者で、ご理解があるとのこと、若手の帰国者が集まれる自主的な団体である「福山市中国帰国者の会」(石井義明会長)を創設して、毎年春節(旧正月)には帰国者の家族と支援者で餃子を作って親睦を図っていました。福山城の北側の遺族会館での行事の折には、中川市長は自転車で駆けつけ、皆を激励していました。

その後、市長が代わり、琴の製造会社の専務であった牧本幹男市長が就任すると、「何か帰国者のためにできることはないか」と連絡があったので、帰国児童の就学、住宅の手配、日本語教室のことなどをお話しすると、誰が市役所の担当かと聞かれるので、社会課の高村さん、梅本さんの名前を伝えました。すると、高村さんが驚いて電話をしてきました。市長が課長以下の者を直接訪ねてくるのは珍しいとのことで、市長のやる気を感じさせました。梅本（大経大先輩）、高村両氏はその後、福山市の市民福祉部長になり、帰国者の自立のために大いに理解を深めてくれました。

そうして、最初は赤い羽根募金の配分の形で、地方の市町村からの公的補助金制度が福山市から始まったのです。

笹山先生と若葉塾

三原高校定時制　石神博志

はじめに

私が若葉塾を初めて訪れたのは、１９８７年だったと思います。数年前に古い手帳の類を処分したため、詳しくは思い出すことができません。

ちょうど教員になって3年目だったと思いますが、教員にはなったものの学校現場になじめず悩んでいた時期に、先輩に紹介されて、福山市横尾町にあった若葉塾に行きました。

笹山先生、松山先生のほか何人かの人がいましたが、少しの説明を受けた後、次に訪れた時のことは今でも鮮明に覚えています。引野町の空き地に山積みされた「えのきだけ」を育てたあとの「おがくず」をドンゴロスに入れて4トントラックに詰め込む作業が待っていました。それを呉の倉橋島あたりのミカン農家に運ぶという業務です。若葉塾の新たな資金稼ぎのようでした。

それから、何度かその業務を手伝ったり、事務所にあったちり紙交換車で市内を回り、丸総商店に降ろしに行くなど、頭でっかちな私には初めての経験ばかりでした。笹山さんは私より10歳くらい年上だったとはいえ、私が知っている範囲でも、カンボジア救援会、日中友好、青年団活動など、その活動はどれも自分流で、驚かされることの連続でした。

初めての中国

さて、その中でも2度の中国への訪問団に参加できたことは、今振り返っても私にとって貴重な体験でした。

ほとんど処分したと思っていた昔の手帳などの中で、１冊だけ残っていたものがありました。１９８８年３月下旬に初めて中国を訪れたときに記念にもらった手帳です。

笹山さん他10名程度の訪中団を若葉塾の関係者でつくり、その中で最も新しいメンバーとして参加しました。その後中国に留学し太極拳を習ったり、中国語を学んだりする目的がはっきりしていたメンバーもいた中で、私はただゲストのような気分で参加しました。関空？から香港を経由して広州へ入り四川に飛ぶ予定が、天候不順のため飛行機が飛ばず、６時間余り空港で待った後、広州で泊り、翌日四川省に到着しましたが、１９８８年３月24日の上海列車事故（wikipediaより）の影響もあり、帰りの飛行機の切符が取れなくなるというアクシデントがありました。その結果４泊５日の予定が、帰りを船便に変更したため８泊か９泊だったかにのびました。そのため、当初は予定になかった四川省の観光地の数々を見学することができました。また、そのおかげで、受け入れて案内をして下さった中国の青年たちともずいぶんと交流することができました。

訪中団に参加したとはいえ、１９７２年の日中国交正常化についてなど日本の近現代史についてほとんど何も知らなかった私たちに、笹山さんから訪問の直前に読むように言われ、国交正常化の際、日本政府が台湾は中国の一部であることを承認したことなど付け焼刃で学習したことも覚えています。

帰国して

その旅行の際にもらった「中国四川」という表紙の手帳をみると、記録は１９８８年９月から始まります。９月の間ほぼ半分は事務所によっていました。朝の太極拳、中国三誌やお茶の販売、リサイクル活動、バンド練習など、当時完全に生活の一部のようになっていたことがわかります。

10月に入ると事務所に印刷機が入り、写植を打ったりもしていました。中国人を四川省より受け入れるための準備などをしていたようですが、具体的なことは思い出せません。11月末に「四川省も帰りこのメモ帳も終わりになった。」と記されています。そして、自分自身も一区切りだと感想が書かれています。メモ帳の後半から、自分の学校でのメモ書きが増えてきていました。

笹山さんのモットーはできる限り自前で行なうことにあったので、受け入れた人たちの移動のために私も、大型免許を取り、マイクロバスを運転して、大阪南港や神戸港などに送迎に行ったりしました。また、交流会やイベントなどもチケットや案内を自分たちで作成し、印刷したりいろんな体験をすることができたわけです。

5年後2度目の訪中

1度目の訪中の1年後の１９８９年４月に天安門事件があり、中国が改革開放を一層進め始めた１９９３年の8月に2度目の訪中をしました。前回は広島県と友好省県を結んでいる四川省が訪問先の中心でしたが、今回は上海と南京が主な訪問先となりました。レンガ造りの家々が壊され、上海の街もビルの建設ラッシュで様変わりしようとしていました。上海から汽車で南京に向かいました。南京大屠殺（大虐殺）記念館が今回のメインの訪問先でした。前回のような大々的な歓迎ではなかったけれど、上海での植樹など草の根交流の在り方においても、笹山さんのひと工夫がなされていたものだったと思います。

おそらくこのころから、四川省との交流は広島県としてある程度定着してきて、それに代わって備後地方の企業家と中国との交流が笹山さんの中で、比重が増えてきていたように思います。うまく言えないけれど、中国の経済力も上がり、この5年間で豊かになるにつれて格差も広がり、公害なども含めて新たな問題も起きてきていたのではないかと思えました。

私の方は相変わらずゲスト気分で汽車の旅や上海などでの観光を楽しんで帰りました。

そういえば、いつのころだったか、若葉塾の拠点も横尾の事務所から木庄の事務所に移っていました。

中国帰国者の会と日本語教室そして山形山

私は生活の一部のように、若葉塾の活動にかかわってきたころから、自分の学校の中に自分の居場所を見つけ始め、若葉塾の活動から離れていくわけですが、それでも時々笹山さんから声をかけられては依頼されて、事務所に顔を出すと、たとえば、当時増えてきた中国の帰国者の問題で、公民館などを利用しての日本語教室をやろうとか、笹山さんの実家がある新市町の山形山での畑作業を手伝ってほしいなどといわれ、細々とかかわりを続けていました。

山形山のふもとの田植えをやめ何年かほったらかしていて、葛葉カズラが生い茂っていた場所を耕し、タイのスイカを植えたりしました。スイカ独特の表面の縞模様はなく全体が黒っぽい色でしたが、切って食べると普通のスイカでした。

そのほかにも、タイの訪問団を迎えた歓迎会で笹山さんから借りた当時タイではやっていた国民的歌手トンチャイの「サバイサバイ」をコピーしてうたったこと、神辺工業の生徒と山形山で合宿したこと、パプアニューギニアの訪問団を迎えボーリングをして、そのあと紙を見ながら英語でスピーチしたこと、「北方領土の日」（？）にステージで知床旅情の合唱を指揮したことなど、詳しいことやいきさつは定かではないけれど、どれも新鮮で刺激的な体験を味わうことができました。

また、事務所や松山先生のご自宅やゲストハウスなどで出会った中国人の留学生や帰国者との、ささやかな会話や、一緒に買い物をして料理を作ったりしたことや、訪中の前などに中国語の会話を教えてもらったことなども忘れられない思い出であり、今でも私の財産です。

さいごに

ちり紙交換車を車検だけ受けたら好きに使っていいよといわれ、それから数年間友人の引越しやパンクした自転車などさまざまなものを教えてもらった（おそらく松山先生だったと思いますが）「アメリカン」でロープで結び運転していると、自分が少し自由で大人になれた気がして、いつもよりいい気分になれたものでした。今思えば、若い時期にこのような体験ができたことは、すべて懐かしくありがたいものだったと思います。笹山先生や松山先生やそのころ同じ年代でともに活動したみなさんに感謝しています。

カンボジア救援アグネス・チャンコンサートのきっかけ

こうして若葉塾の中国帰国者のための日本語教室と中国語教室、寺子屋学習塾がようやく起動し始めました。地元新聞の折り込み広告を作成して配布すると、新規の塾生も増えました。

事務所の大掃除やしめ縄飾りの飾り付けに慌ただしい1978年12月末のこと、ベトナム軍20万人の部隊がカンボジア領内に侵略したとのニュースが飛び込んできました。そのため、多くの難民がカンボジア国内からタイとの国境800㎞を越えてタイ側に逃げてきて、戦火に逃げ惑う女性や子ども、家族たちの様子が連日テレビ、新聞で報道されました。

こうした中、新年になって、元名門高校野球部のエース投手だった塾生のT君が、歌手のアグネス・チャンさんがカナダ留学から帰り、香港でカンボジア難民を救う活動をしていると話してくれました。彼は熱烈なアグネスのファンで、香港からもレコードを取り寄せていました。

多くのジャーナリストも難民報道写真集を出し、私も三留理男氏の『チュイ・ポン—助けて!』という写真集に大変衝撃を受けました。福山大学の森田秀之、杉本佳之君らが警備員のアルバイト帰りに若葉塾へ立ち寄り、その本を見せながら、私たちも何か行動すべきでは、と言いました。

その日の夕方、リサイクル資源回収の業務責任者のひとりである前田正志君が、N君と「おっさん、何か元気の出る仕事をやろうぜ!」と、「銭儲けにならん話に興味なし」が口癖だった彼には珍しいことを言いました。前田君は御調町菅野のつるし柿生産農家の跡取り息子で、地元の府中高校へ進学したものの教師と折り合いが悪くて退学し、戸手高校定時制に通いながら働き、若葉塾の建設に共鳴して同期の仲間と参加、塾の基礎固めのために春先の塾生募集に専念していました。

そうこうしているうちに、アグネス・チャンが東京の母校・上智大学で難民救援の集まりを開いたという話を聞きました。何でも渡辺プロダクションに復帰し、新たな難民救援コンサートも企画しているとのこと、これだと思いました。

コンサートの実現へ

岡山日大高校出身の森田秀之君が福山大学へ入学してから、彼が若葉塾の知恵袋となりました。５尺そこそこの身の丈ながら、指導力は阿波人持ち前の粘りを発揮し、いつの間にか学友の世話役に推され、多くの仲間に信頼されていました。私は教え子に諭されて、お人好しな塾経営を改善することができました。

驚いたことに、その森田君が、福山大学軽音楽部の藤本正志顧問の協力と部員の賛同を得て、福山市民会館に８００名を集めてカンボジア難民救援コンサートを行なうと言い出しました。それに福山子ども劇場のＮ君も加勢して、元野球部Ｔ君の香港資料を携えて、彼が東京の渡辺プロへアグネスコンサートの交渉へ旅立ちました。Ｎ君もお父さんが日本鋼管勤務で川崎に住んでいたことがあるらしく、標準語と東京の地理に詳しく、交渉人には最適でした。

渡辺プロの金子マネージャー（後にアグネスと結婚）は、会場の福山市民会館で1600名を満席にできるか、市の人口はいくらか、東京でも500名のコンサートはなかなか大変だ、などと話し、要望は承りましたということで、いったん戻ることに。そこで、もうひと押し、中国地方の呉、岡山、出雲、府中の知人に声をかけて、再度ナベプロに掛け合いました。すると今度は本気で受け止めてもらえ、全国の難民チャリティーコンサートの一環として取り組みたいとの返事をいただき、中国地方の合同記者会見を行なうことにしました。そして、中国地区5会場を仮予約して、岡山の㈱アジアコミュニケーションの松井三平社長の尽力により、岡山でアグネスも参加しての共同記者会見にこぎつけました。

若葉塾も8月から連絡担当者を交代で決め、Y君、佐藤隆文、N君を中国地区の調整役、責任者に決めて動き始めました。そして、実行委員長は全国一般労組の小野惣一委員長に要請しました。

初めての顔合わせから、毎日の企画、宣伝、財政など、若者館若葉物語150日の活動開始です。

誠之館高校放送部に宣伝カーのデモテープを依頼すると、後にプロのアナウンサーになった部員の鈴木美穂さんが快く引き受けてくれました。何しろ会場1600名を満席にすることなど不可能に思える中、各自周りの知人に賛同を求め、実行委員をまず100名、会費1000円で集めることをY君、佐藤君、N君が提案しました。そして、20名ほどの集まりから60名の実行委員に広がり、まずは一安心。また、チラシ、パンフの作成は、細川君のアート印刷に知恵を借りました。そして、前田君の恩師である戸手高校定時制の守田博文、間野先生に委員会を任せてからは、勤労青年が増えました。日頃の教育力が委員会の運営にも大いに活かされました。何でも「すぐにやる。相互扶助の精神」で盛り上がりました。

それから、誠之館高校の桑山誠君、福山工業の定賀君の提案を受けて、京都大学東南アジア研究センターの矢野暢教授の元で働く安原順子研究生（現・神戸女子大教授）に、ベトナム、カンボジア入門の簡単な資料を作成してもらいました。

コンサート裏方の仕事

１９８０年10月17日、N君が新幹線福山駅でアグネス・チャンの到着を出迎えました。そして、その足ですぐ、障害者作業所施設「春日寮」を慰問、激励しました。これは同僚の高橋先生のお父さんの配慮で、守山守組合委員長（後に福山市保健福祉部長）や利用者の大歓迎を受けました。アグネスも、予定外にギターで「ひなげしの花」を歌い、RCC中国放送の山崎優、中国新聞の角川記者をはじめ各社の取材を受けました。金子マネージャーも満足そうでした。

街宣車を先頭にして、タクシーは誠之館高校の生徒のお父さんの個人タクシーを借り上げました。そして、午後4時に市民会館へ。

200名の実行委員会とアグネスも参加しての打ち合わせ、歓迎夕食弁当会。司会は鈴木美穂。若葉塾からはY君、佐藤隆文、立田善昭、藤井隆夫事務局員たち。前座を務める井原青年団の鳥越孝太郎や備中神楽団のメンバーが大蛇退治の口上を練習中の5時半には500名近い観客が会場周辺に集まり、小野惣一委員長ほかの会場警備係から早めに入場させようとの連絡がありました。そこで、桂洋子、高橋尚子、三藤聡子委員と準備状況を確認し、パンフ、アグネスの新曲テープ、販促品などの責任者の配置、お金の管理と森田事務局員の総点検作業を受け、入場を許可しました。

山谷哲夫監督作品「きょむ・ぬっく・あいん―タイ・カンボジア国境から」の上映で開幕。続いて京都大学東南アジア研の報告をお願いしました。

福山大学軽音楽部の藤本正志顧問も、部員一同、コンサートの手配の確認に余念がありません。照明、音響は府中市青年連盟の肘《ひじ》君。会館の池田敏主任も、まるで実行副委員長のように皆に檄を飛ばし、指導しています。縁とは不思議なもので、後に福山市と上海市徐匯区との民間草の根交流で、当時中学生だった主任の息子さんをホームステイ留学させることになりました。

会場は大方の予想であった1000名をはるかに超えて、立ち見席の出る盛況ぶり。「やればできるのう！」参加した多くの若者や中小零細企業家、零細組合の組合員・家族に、何やら分からない不思議な元気をもたらしてくれました。参加者が主人公であることを体験できる草の根民主主義、自己変革の活動に参加して、少しでも世の中の役に立つ小さな、当たり前の行動を考え、波を起こす。若葉魂の「やる気、元気」を醸成するエキスに、アグネスも歌手である前に、同じ共同目標を追求する仲間として、ひと役買ってくれたことに感謝、感謝！

私も、裏方の人生に意義を感じる演出家をめざす心地よさに浸りました。

現地訪問団の準備と河野千晴絵画展

福山のコンサートの大成功のニュースが伝わると、中国地方各地の実行委員会の仲間も、各地の特色を活かして開催、準備に出遅れた岡山市の松井三平事務局長も県立体育館に２０００名を集めました。出雲の勤労福祉協議会・ＮＴＴ労組の足立さんは「大国主の縁結びの神様」も手伝い５０００名を超えたと冗談。呉市も１５００名と大いに盛り上がりました。思えば、冷害の福島県飯館村の佐藤土建社長の挨拶をＮＨＫがニュースで流してから始まったカンボジア難民救援全国コンサートは、福山での草の根コンサートの成功で、各地の取り組み方が自由な若者たちの発想力で勢いづき、12月の府中市でのコンサートも１５００の会場を満席にして幕を閉じました。企画に参加したナベプロのメンバーも、頼りなく見えた無名

(上・下) 中国民族音楽団公演=1983年

中国民族音楽団公演。あいさつに立つ右から2人目が著者=1983年

アグネスチャン招きカンボジア支援チャリティーコンサート=1981年

文化･芸術活動の裏方にやりがいを感じた。

カンボジア支援募金活動

中国四川省広島県中日友好書法交流展

戦士たちが都会派に劣らない大きなイベントをなしとげたことに共感しました。実行委員会の多くのメンバーも、最後の府中会場に駆けつけ、アグネスの「私設付き人応援団」になり切りました。

年が明けて1981年、田英夫参議院議員の救援センターから、現地へ救援物資を届ける代表団への参加要請があり、事務局の若者から人選すべく会議をしたものの、仕事の調整がつかず、自称万年青年の私が派遣されることになりました。そして、事前学習会に、東京工業大学留学生の夫を持ち、ポルポト政権下のカンボジアで絵を描いてきた経験のある画家の河野千晴さんを招き、カンボジア絵画展と講演会を開きました。

第一次訪問団の東間氏の訪問記録を参考に、医薬品などを調達したり子どもたちへの文房具をそろえ、荷物の制限重量内に収めるべく準備作業を進めました。また、記録用の8ミリフィルムとカメラを点検し、カンボジアの情報が少ないので、タイの気候に合わせて服装なども用意しました。

戦場カメラマンの誕生

1981年5月、日本を出発し、タイのバンコクで合流して結団式がありました。団長は京都精華大学学長の深作光貞氏。60年代に商社員としてカンボジアに滞在経験があります。

その他の団員は飯館村の佐藤土建社長、73年にプノンペン解放を世界に伝えた通訳の馬渕直城氏（ABCオーストラリアテレビのカメラマン）等、総勢8名。冷害で米ができず出稼ぎしてきた寒村から、カンボジア難民に寄せる佐藤氏の熱い共生の思いに、一同感銘を受けました。馬渕さんからは、最近、ベトナム軍がノンチャン村のソンサン派自由クメール地区へ攻撃を仕掛けタイ側へ侵入しているので、ジャーナリストのボーダーへの取材許可が下りず緊迫していること、アランヤプラテート（「森の都」の意味）国境の町からの移動制限があるとの報告がありました。また、JVC（日本国際ボランティアセンター）の池原氏からは、現地カメラマンが銃撃されて死亡し、監視がより厳しくなっている、バンコクのカンボジア赤十字社も、戦況によって安全第一で入国制限しているとの報告を受けました。

3日目の早朝5時に、ホテルから北へ向かい、100kmほど走り、またホテルへ帰還しました。インテリジェンス（情報機関）の尾行を確認するための初動訓練です。

午後1時に今度は南へ向けて出かけます。2度、タイ軍の武装検問所で下車し、一人ひとりパスポート及び人物のチェックを受け、少し緊張しました。馬渕氏は顔見知りで、タイ語でなにやら親しげに話しています。タイ語ができないとコミュニケーションを取るのに不便です。兵士はあまり英語を話しません。夕方7時前にサムスヌクイホテルへ到着。

いよいよ明朝8時にカンボジアへ入れるとの連絡を、同部屋の奥田氏から聞きました。奥田氏は7カ月前の呉市のアグネスコンサートのカンボジア実行委員会会員で、中小企業で働く仲間は休みがもらえないので、戦前に多くの軍艦を製造した地元の名門企業である呉製鋼所に勤める自分に白羽の矢が立ったといいます。お互いよく休みがもらえたと、広島弁で「かえたあのう」と感心しました。

私は8ミリ撮影の電池、フィルム、2台のカメラ、フォルム、録音テープの再点検、防虫スプレー、梅肉エキスなどの常備薬、衣類の点検に汗だくです。

4歳の娘・有香にカンボジアの絵本をお土産に買って帰ると約束していたことを思い出しましたが、残念ながら戦火の難民村では絵本などあろうはずがなく、タイの幼児向け絵本に変更しました。余談ながら、娘は20年後、中学の社会科新任教師になり、夏休みにシェムリアップのスナーダイ・クマエ孤児院（メアス博子代表）へ現地研修に訪れることになります。「サンヤー」（タイ語の約束）を思い出し、親子の絆を考えさせられました。娘は現在、広島大学博士課程で、小原友行指導教授の「新聞を教材に活かすNIES」と教育指導者要綱の「住んでいる地元学」を活かしたテキスト作成論を研鑽中です。

カンボジア領内の難民村に入る

「ボー、ボー」（「おおい、撃つな」の意味？）翌朝、タイとカンボジアの国境を流れる小川の茂みから、随行の赤十字メイマン総裁の秘書が大声で叫びます。いったい何が起きたのか、一同に緊張が走ります。後で馬渕氏に聞いた話によると、双方の国境警備の兵士に、英語の「アテンションプリーズ」（お気をつけください）に当たるタイ、クメール語の地方語で話しているとのこと。

10mほどのクリーク川を渡り、ようやくカンボジア領内の難民村へ入りました。後で雨季の大雨のものすごさを思い知らされました。

裸の子どもたちが小川で何か小魚をつかむのを見つけて、恐る恐るカメラのシャッターを切りました。移動中の撮影でピンボケの「見習い戦場カメラマン」の仕事始めです。

30分ほど車で走り、その日の宿舎であるジャングルの野戦迎賓館へ到着です。長身のメイマン赤十字社総裁が会見に臨みました。外務省対外文化部のベエン氏が、総裁はマラリア治療のために行っていたフランスから帰国したばかりだと、フランス留学組独特の英語で話してくれました。

3名の護衛兵士が私の荷物を宿舎兼食堂へ運んでくれました。焼き飯とスープ、バナナ、パパイヤで、深作団長以下8名を歓迎してくれました。予想以上に外交的な秩序が厳守されているようです。周辺の難民村の様子とは違い過ぎる厳粛な威厳を感じました。

簡易ベッドで少し昼寝をし、3時過ぎに救援金の一部と文具、医薬品を贈呈しました。その後、地雷を避けながらジャングルの中を象4頭ですぐ近くの村へ移動しました。象使いの若者の巧みな言葉と棒さばきで巨漢を動かす様は、まるで魔法使いのようです。竹やぶを一列になって進んでいくと、最後部の若い象が追い抜こうとするのですが、私と佐藤さんの乗る象が水たまりで鼻で水をすくい、後ろに向けて水鉄砲を放ちます。あまりに突然のことに、私は８ミリのレンズに水をかけられてしまいました。若造を追い抜かせないための威厳の脅しのようで、体を揺するために、私たちは落とされないよう必死で、竹やぶが過ぎるまで撮影は一時中断です。幸い８ミリは大丈夫でした。

途中で何度かドーンという炸裂音がしました。野生動物が地雷に吹き飛ばされたのだという説明です。改めて戦場の村を移動中であることを認識すると同時に、あまりにのどかな南国の風景との落差を感じさせられました。その時、再び最後部の象が私たちを追い抜き、私たちがしんがりを務めることになりました。若い象使いだと象にもなめられるようです。棒の鉄爪を耳元に打って強く刺激しないとだめなようです。

村の学校では、ノートもない中、子どもたちと先生が小型の黒板ノートでクメール語の文字を習っていました。難解なサンスクリット文字を指で真似て書き写しています。バナナの葉でできた屋根と簡単な柱の校舎で学ぶ子どもたちの姿を、写真と８ミリで撮影しました。外で蝶が飛んでいるので兵士に指差すと「メンバウ」。バナナは「チェイ」。テープに録音しました。後でこのふたつの単語が、相互理解に大いに役立ちました。

郷に入っては郷に従え

かけだし戦場カメラマンも現地の警備兵とにわかクメール語の学習で緊張感も解けてきました。夜は蚊帳を張った寝台で休みます。ある夜、蚊帳の上を走る謎の生物が現れました。夕方、土砂降りの雨でぬかるんだ宿舎周辺を、ようやく寝台にたどり着き、8時には寝つき、朝方3時頃に物音に目が覚めたのです。15㎝ほどの生物で、暗闇の中、何かは確認できません。みどり蛇、コブラなど思いつく限りの動物への対処法を思案しますが、よい知恵は浮かばず、夜明けまで身じろぎもせず過ごしました。そして、ようやく野鳥や野ざるの目覚ましコールに小動物の姿も消えました。

それでも用心して動かずにいると、飯館村の佐藤氏が朝の挨拶に来られ、生き物の話をすると、トッケイというヤモリの仲間で、蚊を食べる生き物との説明。彼はさっそく、朝の収穫物、野生の自生ランの原種を見つけていました。タイ、ビルマ戦争の後、タイに残った岡山の山本さんが、タイの東北部チェンマイに山本ラン農園を作って成功したことを思い出しました。佐藤氏曰く、東北の冬の寒さでも温室を作ってバイオで増やせば、地元産業にしてカンボジアの研修生を受け入れる、飯館村の村おこしと難民支援を結びつけたいとのこと。熱い思いを朝から聞くことになりました。

佐藤氏は、ご本人の集めたカンパで医療バス「メディカル号」をサケオキャンプに送りました。まさに行動の人です。大いに共感し、2年後、佐藤氏の要望で医療バスの確認を兼ね、安芸の吉田ＪＡ病院の松村院長、灰塚省二郎副院長とともに難民キャンプを訪れましたが、まだタイの厚生省の許可申請中とのことで、未使用で放置されたままとのことでした。国を越える活動の難しさ、個人の努力と現地政府の協同が不可欠であることを思い知らされました。タイとの協力の道を模索する旅の始まりとなりました。

海のシルクロード・鞆の浦

鞆の浦は東アジアの文化の風を、玄界灘から難波、奈良へ運ぶ海の潮待港として、早くから開かれました。中世以前のものとしては、草戸の明王院あたりに栄えた草戸遺跡から、中国の宋の時代の通貨や、朝鮮半島の青磁、白磁などが見つかりました。当時交易の町として繁栄した海のシルクロードのオアシス街も、度重なる高屋川、芦田川の氾濫で河川底に埋もれてしまったのです。草戸遺跡調査研究所の息吹尚先生、山形先生によると、東アジアの交易街として貴重な文物が多数出土しており、それらは福山の県立博物館に収蔵されています。

戦国時代には毛利氏によって鞆中心部に「鞆要害」（現在の鞆城）が築かれるなど、備後国の拠点の一つとなりました。室町幕府には、15代将軍足利義昭が織田信長により京を追放された後、毛利氏などの支援のもと、渡辺氏の援助で鞆に拠点を移し、信長打倒の機会を窺いました。伊勢氏や上野氏・大館氏など幕府を構成していた名家の子弟も義昭を頼り鞆に下向していたとされることから、「鞆幕府」と呼ばれます。織田信長は「天下布武」の全国化のために豊臣秀吉に命じ、尼子の再建を餌に山中鹿之介を採用し、播州上月城を守らせました。鞆はいわば毛利軍の軍師・安国寺恵瓊和尚の外交館として、各地のインテリジェンスー国情を調べ、指示する情報収集の最適の港であり、瀬戸内の村上水軍なども最大限に活用していました。山中鹿之介は備後の尼子の国人衆を頼り、備中松山城の高梁川で猛将・吉川元春によって惨殺され、毛利輝元の本陣へ首を送られました。主君への忠義を讃えた地元の人々は、鞆に首塚を作って名将軍を弔いました。

江戸時代には、将軍が代わる際に朝鮮国の使節200名以上を退潮楼で歓迎し、地元の人も踊りや食事でもてなし、多い時には1000名を超える歓迎の宴が開かれたといわれます。今風の多文化共生の国際交流が行なわれていたのです。

幕末の坂本龍馬のいろは丸沈没、国際海事裁判、徳川御三家の紀州藩の交渉の舞台となった旅館などの場所としても知られます。陸の山陽道宿場町の神辺と海の潮待鞆は、徳川家康のいとこ水野勝成が60歳の時、西国の大名を監視するために、浪人時代を過ごした備後へ帰還し、備後の蝙蝠山に福山城を中心とした城下町を築くまで、備後の中心地でした。

最近では、世界的な映画監督・宮崎駿氏のアニメ「崖の上のポニョ」の構想を練った場所としても有名です。景観の文化遺産の保護のため、ユネスコの調査団イコモスもたびたび訪れています。

福山カンボジア救援会と安国寺の和尚

初めてのカンボジアへの旅は、南国の気ままなスコールと難民村の無邪気な子どもたちの元気な笑顔に励まされ、未来の希望を子どもたちに託して帰国しました。「スダイ（こんにちは）、オクウン（ありがとう）、リイハイ（さようなら、元気で）」と挨拶の言葉が今でも耳元にこだまします。

帰国後、多くの仲間たちの激励とカンパに応えるべく、見たこと、聞いたことを伝えるための記録の整理が待ち構えていました。また、ＲＣＣ中国放送、朝日新聞、中国新聞などから取材も受けました。

「天国と地獄」を駆け足で見てきた頭の中の整理がつく暇もなく、カンボジア現地報告会開催へ向けて有志の実行委員会が組織されました。今回は福山市民会館の小ホールを借りて、５００名規模の準備です。

駆け出し戦場カメラマンの８ミリや写真の現像などの作業に、神辺工業高校写真部の金尾先生が助けてくださり、準備もはかどりました。

報告会は３００名を超える来場者がありました。映写される難民村の芸術団、マラリア患者の収容される病棟などが思いのほか美しく撮影されており、ここが戦場の村かと思われるほどのどかな南国の自然が映し出されていました。このカンボジア現地報告会が契機となり、福山カンボジア救援会の準備が進むことになりました。

その後、高知、福岡、名古屋、佐賀などから講演依頼があり、学校の要請は数え切れないほどでした。カンボジア、タイとの草の根交流の始まりです。

この時取材を受けた朝日新聞の松本支局長（京都大学で小説家・故高橋和巳助教授の弟子、後に群馬上毛新聞の論説）の記事が縁になって、鞆の臨済宗妙心寺派安国寺の藤井禅郁和尚と出会うことになりました。和尚からタイ国境の難民村へのお寺建立事業への協力依頼があったのです。全国の妙心寺7000カ寺によって、タイ、カンボジアの仏教徒の平和を祈願する「ワット妙心」をタイ側の国境バンパライ村（バンはタイ語で村の意味）に建立するという計画です。また、タイ王室管理青年仏教協会会長のブイヨンさん一行を、岡山、福山、広島に招くので、覚心座禅会に協力してもらいたいとの申し出もありました。

安国寺は戦国時代、毛利の軍師・安国寺恵瓊和尚や毛利輝元の大坂攻めの本陣があり、最後の足利将軍・義昭が信長から追われた鞆幕府の中心で、藤井和尚は岡山の池田藩の菩提寺・国清寺から寺再建のために来られていたのです。檀家の少ない寺で、精進料理や禅茶会など宗派にとらわれず、開かれた寺をめざして、1年の半分は全国各地を講演に歩かれていました。現皇太子も鞆の仙酔島へ宿泊の際、和尚の講話と禅茶でおもてなしを受けられたといいます。

「鞆の古寺17寺巡り」を提唱して、不老長寿の保命酒、岡本亀次郎商店、錦水ホテルなどと連携し、藤井軍三郎画伯などと鞆の観光ＰＲの先駆者としても活躍してきました。

仏教外交家・安国寺和尚

藤井和尚から、タイ王室管理青年仏教協会ブイヨン会長が来日して福山へ来られるので、通訳の手配を探してほしいと頼まれました。そこで私は、ＡＭＤＡの源流、岡山大学クワイ河医学踏査隊の多田恵医師が転勤で広島市民病院にいることを思い出し、奥さんのチャニントンさんに通訳を依頼することにしました。

福山駅でタイ語の歓迎横断幕を掲げていると、見慣れない文字に乗客も興味津々で、何事かと見守っています。到着したブイヨン会長一行も、多田チャニントンさんがタイ語で挨拶するので、その驚きは大変なものでした。新幹線出口で日タイ親善の両手を合わす仏教徒の挨拶に、今度は駅員もびっくり。

夜は仙酔島の錦水ホテル北村ひろ子社長、神原造船会長のお母さんが世話人になり、歓迎の宴です。ブイヨン氏の息子さんはハワイ大学へ留学した後、薬のウォンワニタイ本社勤務で修行中。ホノルルで日本の学生たちが日本語の会話を教えてくれ、簡単な挨拶ができました。宴もたけなわ、一同は日本の炭坑節に触発されて、タイの盆踊り「ローイカトーン」で大いに盛り上がりました。踊りは相互理解の第一歩です。

次の日はチャニントンさんの案内で、広島の原爆ドームなどを視察。宗派を超えての藤井和尚の人脈で、安芸門徒の国泰寺を訪問。ここの住職はビルマ戦線のあとカンボジアで敗戦、捕虜体験をしたそうです。広島市内の中心地から移転して高台へ国泰寺を新築されたそうです。後日、藤井和尚の尽力でタイから仏舎利が送られたと、「中外日報」の編集記者から聞かされました。

代表団の帰国前に、岡山の和尚が修行した国清寺、後楽園などを回り、柴田社長、禅郁和尚の岡山後援会長の歓送迎昼食会を行ない、2時半まで岡山駅周辺の自由行動ということになりました。私は座禅会のメンバーと一息入れて集合場所へ行くと、チュラルコン大学の元気な女性の先生が現れません。新幹線と飛行機の時間を考えて、他のメンバーは駅のホームで待機してもらいました。そして、チャニントンさんに駅長室の放送で、タイ語で連絡放送をしてもらいました。突然の意味不明の外国語の放送が駅構内に響き渡りました。すると、10分ほどして1階のエスカレーター前に彼女が姿を現しました。「イクスキュズミ」と謝るのを、カバンを受け取り手を取ってエスカレーターを駆け上がり、滑り込みで間に合いました。チャニントンさんのタイ語の威力と私の危機管理能力の成果に、一同胸をなでおろしました。

後日、バンコクで彼女と再会した時、タイスタイルで買い物をしていて遅れてしまいました、お礼も言わず帰国して申し訳ありませんでした、駅のタイ語の放送に感動しましたと話してくれました。私は「マイペンライ、どういたしまして」、「困った時はお互い様」と答えました。

ブイヨン氏一行の広島市内の表敬訪問の後、同じ臨済宗妙心寺派の住職などに精力的に協力、支援を要請して回りました。そして、藤井和尚、チャニントンさんの尽力で、広島市内の日タイ友好協会が設立されました。また、和尚は反核・平和の灯火をアジアの国でもとの思いから、米軍の情報公開によってアメリカから買い戻していた10フィートの被爆時のフィルム映画を、ブイヨン会長、タイ王室青年仏教協会に贈呈手配することによって、バンコク市内での上映にこぎつけました。私にとっては、次々に新しい事業を展開する和尚の「付き人兼見習い修行」の始まりでした。

一行が帰国後1カ月ほどして、ブイヨン会長から正式に、藤井和尚と覚心座禅会に、原爆10フィート映画の上映を、タイのテレビ局と共同で取り組むとの、来訪の招待状が届きました。和尚はそれまでも、スリランカの仏教協会、インド、ネパールなど釈迦の教えを活かす修験者の要請に取り組み、備後の地元・鞆から日本の文化と特産品、産物を紹介するのにひと役買ってこられ、とりわけ若者の出会いの機会を演出してこられました。

ワット妙心の建立と原爆10フィート映画のタイ上映

１９８５年６月、王室管理青年仏教協会ブイヨン会長の招請を受けた山田無文臨済宗妙心寺派管長・花園大学名誉学長の派遣する花園会タイ訪問団一行３００名に、瀬戸内の鞆の渦潮から安国寺恵瓊和尚を彷彿させる仏教外交家・藤井和尚と禅茶会30名は、大阪伊丹空港で合流しました。一行１５０名はＪＡＬ特別機で出発し、仙台発名古屋経由で発った１５０名とバンコク・ドムアン空港で合流、イミグレーションをＶＩＰ待遇で通過しました。ロビーではブイヨン会長らにより、日本語の歓迎横断幕とレイの熱烈な出迎えを受けました。広島訪問団のチュラルコン大学の元気な女性の先生もおられ、私の顔を見て笑顔を浮かべていました。飛行場からはＶＩＰの警備車が先導し、サイレンを鳴らす中、バス10台で高速道路をホテルへ向かいました。ブイヨン会長とタイ王室仏教管理協会の影響力を知らされました。

翌朝７時に、再び警備車両の先導で10台のバスに分乗した訪問団一行は、タイの青年仏教会の女性会員、学生、教師も同乗して、カンボジア国境のバンパライ村へ向かいました。検問なしで到着すると、村人３０００人が日本とタイの旗で出迎えてくれました。「蝶々夫人（マダム・バタフライ）」の音楽が流れる中、子どもたちが仏様を表す黄色の小旗を振り、ランの花の首飾りを代表団全員にかけてくれ、一同は細やかな配慮に感激しました。

全国の妙心寺派７０００カ寺の浄財を渡し、タイの被災民とカンボジア難民の帰還とアジアの平和を祈願し、「ワット妙心」が相互扶助と戦火で亡くなる人々の鎮魂の仏教道場になることを願いました。日タイ200名の僧侶の読経に参加した村人たちも、笑顔で「コックン、ありがとう」と、両手で合掌してお礼します。私たちはさらに、持参した文房具を子どもたちに贈呈した後、特別の計らいにより国連高等弁務官事務所（UNHCR）のカオイダン難民キャンプを視察することになりました。思わぬ機会に一同は興奮と緊張に。タイ側の随行員から、難民の生活状況と戦場の動静、800kmのボーダー線上の村で食料無配給の現状があり、カオイダンキャンプは比較的恵まれていること、多くの難民は将来への不安と第三国への出国をめざしているが、希望がかなわず不安定な心理状況にあることなど、いろいろな説明を受けました。また、絵本の読み書きボランティアをしている在タイ国日本会の女性保育士からは、国際赤十字や国連のヨーロッパ系職員によるアジアの多様性への無理解に悩んでいる話を聞かされました。アジアのことはアジアで考え取り組むことの重要性を噛みしめました。

近くのタイ側の村に砲弾が飛んできて、記者の取材もタイ軍の制限された許可の中での特別の視察になりました。

帰りのバスは、日本とタイの歌比べで、難民キャンプの暗い影を振り払い、元気を取り戻しました。山名、篝氏ほかの座禅会のメンバーも、鍛えた喉を披露し、日英タイ語での会話で交流を深めました。

ホテルに戻り、いよいよタイでの反核平和の10フィート原爆映画の上映会です。ブイヨン会長の手配で、タイのテレビ局などメディアの参加もあり、会場には500名の観衆が詰めかけてくれました。花園会・沢井和尚は、タイ式仏教の挨拶をした後、アジアの宗教者の連帯で運動を広め、日タイの親善、平和に貢献する意義を話されました。

ひとりの和尚の提唱が、海を越えてタイのチャオプラヤー川にまで届き、平和を願う日本からの300名の参加とタイの数千の村人や仏教関係者の共同作業で、「草の根アジアの共生の道」の第一歩が切り開かれました。

カンボジアの宗教平和と仏像贈呈

1985年、私は藤井軍三郎画伯と「ワット妙心」建立のお礼にタイへ行き、画伯の作品スケッチのアシスタントを務めました。そして帰国後、安国寺の藤井和尚に、カンボジアの仏教徒がお寺を再建してセメントで仏像を作る現場の話をすると、和尚は即座に「笹山君、タイに手配して仏像を送りましょう。あなたが届けてくれますか？」ということになりました。すぐカンボジア赤十字に連絡を入れると、喜んで受け入れますとの返事です。

さっそく馬渕直城カメラマンと随行の菊池幹也氏に同行の手配を依頼しました。オーストラリアＡＢＣの撮影クルーも同行可能との承諾を得ました。ＡＢＣは「黄金の三角地帯」を支配している国民党の残党でアヘン密売でタイ、ラオス、ミャンマーの影の実力者であるクンサー司令官の極秘取材に、シンガポールとタイの記者の協力でアプローチしていましたが、手違いから準備が遅れていたのです。ＡＢＣとの単独会見に臨んだ後、クンサー司令官は「麻薬から足を洗い、生業の地下資源を活かした貿易に転換したい」と馬渕氏に話していたといいます。しかし、残念ながらクンサーはその後、アメリカ軍の攻撃を受け、ミャンマー奥地に逃れてしまいます。そして、道案内のタイ側インテリジェンス（情報）から割り出され、半年後、馬渕氏の取材手配で同行した2名の地元記者がチャオプラヤ川で死体で発見されました。犯人は不明で、バンコクの馬渕氏の事務所は閉鎖に追い込まれてしまいました。

多くの戦場カメラマンが彼のタイの事務所に下宿していました。イラク戦争で犠牲になった橋田信介氏やミャンマーの軍事政権の取材で死亡したB氏など、数え切れません。馬渕氏は安全のため一時日本へ活動の拠点を移し、テレビ番組制作会社「オルタスジャパン」を仲間と立ち上げました。

仏像は、いつものアランヤ近くの軍検問所で荷物検査を受けました。タイ国境の兵士たちも、私たちのようなボランティアは初めてだと、興味津々で車内に入って仏像に手を合わせていました。

後でこの話がイエム将軍に伝わり、「一度お会いしたいので、バンコクに戻ったら連絡してほしい」とのメッセージがホテルに届きました。同行した馬渕氏の見習い記者の話では、「ヤバいことになるのでは？　タイ入国が禁止されるかもしれない」と心配そうに私の顔を見ます。

ところが私の方は一向に無頓着で、仏像を贈呈する際に、どんなお経をあげるか思案していました。日頃、まじめに勤行に励んでいないことに焦っていたのです。

予定より1時間遅れで、プノンマライの迎賓館へ到着し、5名の僧侶に出迎えを受けました。これまでの経過を伝え、多くの病や戦争で死んだ皆さんの霊魂に、平和なカンボジアの未来に、日本の仏教徒からの思いを伝え、それぞれのことばでお経をあげました。私は冷や汗をかきながら般若心経をあげました。

イエン・サリ首相、シアヌーク大統領の子息のひとりであるナリンダラポン王子など仏教徒政治連盟の指導者の姿もありました。

今回は日帰りで、昼食の果物をいただき、クリークを渡りタイ側へ。国の民衆の運命に影響する宗教の力、政治指導者まで動かす力を感じさせられました。村人たちの私たちを見送る姿、寺社を建立する大工の棟梁の笑顔！「オクン、ありがとう」という子どもたちの声に励まされ、何か不思議な藤井禅郁和尚の外交力と宗教の重みを体験しました。

シルクロードの調べ、中国民族音楽団を備後へ

誠之館の夜間勤務を終えて午後11時に若葉塾に帰ると、伝言板に福山大学キャラバン部の井原繁君から、「神戸の華僑青年実業家の陳東華社長（現・長崎華僑協会会長）と静岡県の常盤学園より至急連絡くださいとの連絡あり」との伝言がありました。何事かと思いましたが、心当たりがなかったため、「まあ、いいや。明日電話しよう」と、すぐ眠りの国へ。野球部が備後及び福山市内で抗争している「オートバイ部隊」との和平交渉試合を次週に予定しており、連夜の強化練習に、「おっさん、和平の審判長を頼む」と請われ、いわば仲裁役を担う羽目になっていたのです。教職員も見守る中での試合を控えて、岡田つかさ先生監督のもと、桑原、徳能、上野先生ら元気な教員に、世羅高校陸上部ＯＢの小山先生、吉岡正晴先生も、生徒に誘われ汗を流していました。

１週間後の20時、轟音とともに20～30台のバイクに乗った相手の野球チームが現れました。そして、21時に試合開始。相手もなかなか手強く、７回まで同点、ひとりが夜勤の仕事で帰ったためわがチームに穴があき、好投している隼君が「おっさん、代わりにでてくれや」と一言、相手チームの了承を得て、８回裏に代打で登場です。相手の剛球に渡辺君が「当てるだけで」と伝令を寄越しました。２ストライクと追い込まれた後、まぐれのファウルで何とかバットに球を当てると、ここが勝負の見せ所と、１ボールの後、唇を噛みしめて全力で振

り切ると、何とセンターオーバーのまぐれのホームラン！　しかし、相手も9回に1点を加え、引き分けで試合終了。

この日から、誠之館に「おもろい先やんがおるで」ということで、元気印の若者たちの若葉塾詣でが始まりました。野球和平のおかげで備後の抗争が少し収まり、中島教頭先生もひと安心の様子でした。

さて、伝言のあった神戸の陳さんに電話を入れると、中華全国青年連合会が日本へ初めて派遣する中国音楽学院の中国民族音楽団（王達祥団長、胡耀邦の通訳）一行が広島を訪問したいとのことなのでよろしく、とのこと。さっそく井原繁、横橋先生、帰国者の若者たちと相談すると、小池薬品の社長が、「副団長は中国の書道家である劉炳森先生なので、私も書道教室の相原雨雪先生に相談してみる」と言い、山手解放会館の内田さん（福山市松永支所長）も、「音楽交流は面白い、応援する」と賛同してくれました。

そこで、井原繁事務局長、桑山誠事務局次長のもとに準備を始め、荒木計三文化連盟会長も喜んで賛同、協力するとの承諾を得ました。

このころ、鞆の浦を舞台にした琴の名曲、宮城道雄の「春の海」の演奏で中国民族音楽団を歓迎しました。これをきっかけに、太極拳などの体育、仏教、書道、絵画など、専門的芸術家の交流の要求が高まり、新しい時代へのうねりが巻き起こりました。そうして、のちに日中青年交流協会の創設へとつながっていったのです。

アジア共生の寺子屋・若葉塾

当初の予想以上に、アグネス・チャンの福山訪問は、カンボジア救援活動に弾みをつける結果となりました。ほかにも、文化や芸術家のとの出会いがありました。いにしえの神辺城下から石見銀山―石州街道と山陽道の分岐点、福塩線横尾駅周辺も、古い街並みがかつての賑わいを感じさせるようになりました。

街並みを過ぎて山沿いを行った若葉塾を訪ねる客人も次第に増えていきました。広島大学の留学生たち―中国・福州大学の徐平凡、タイ・カセサート大学のダルニイ、フィリピン大学のサントス、コロンビアなどの研究者たち。広大付属高校の平岩、山野、塩見君、誠之館の池田、浜田君（後ＪＲＡのカメラマン）のお国自慢料理研究会も始まりました。また、広島大学牧畜学の吉田繁教授の仲間の神辺の牧場経営者・坂本さんたちの応援や、陶芸・版画家の浜本桂三教授の弟子たちの参加など、少しは学術的な寺子屋にもなりました。

北京からは国際図書出版の魯社長をはじめとして、版画世界の李平凡編集長（平山郁夫画伯のシルクロード訪問などを企画、比治山大学で日中芸術講演会３００名を立案）なども見えました。

また、中国帰国者の日本語教室も、神石出身の横橋保孝、松山五郎両先生の本格的な指導の下に、福山大、尾道短大の学生たちや、中国語の阿部敏郎君の父親（ＪＦＥ社員）などが、帰国者の増加に対応してくれました。そして、森本繁、渡辺正、白井恭子先生ら誠之館の教師たちも指導にかけつけ、帰国者を励ましてくれました。

中国音楽学院民族音楽団の受け入れ準備を契機に、井原繁事務局長が本格的に専従態勢で事務所につめるようになり、誰かが事務所に常駐することが当たり前になりました。さらにありがたいことに、横橋、松山両先生の退職教員の仲間の応援団は、心強い存在になりました。特に帰国者の住宅の手配、学校編入などお役所との相談窓口として、力量を発揮していただきました。そして、多くの教え子たちが、各分野で活躍するようになりました。

また、安国寺和尚の縁で、日タイ交流に多田チャニントンさんを迎えて、タイ料理を食べる会を企画し、ヤクルトタイ工場長の広森さんの奥さんも参加するなど、新鮮な取り組みがなされました。さらに、カンボジア現地訪問団へ、力石洋三、三国一郎、客本謙一、坂口氏など救援会の中心的な若者たちが外の世界へと羽ばたき、新風を巻き起こしました。自分の眼で見て、耳で聞き、靴を減らし、動いた体験は、百冊の本にも優る得難い経験になります。送り出す側も真剣勝負で、無事に帰国した後の土産話を期待します。職場や上司の理解と協力も、日頃からの付き合いがいちばんです。異なる文化、社会といかに付き合うか?ともに生きることの難しさを、難民の人々から学びました。

新生、若葉塾に向けて

文責　小島

「カンボジア難民救援募金をお願いしまーす」渋谷ハチ公前で、蒲田駅前で、大阪梅田地下で、岡山駅前で、福山駅前で、若者たちの声が響き渡る。今を遡ること35年以上も前のことだ。ジーパンにＴシャツで、多くの学生や若い労働者がそれぞれの立場で自らの良心に従って街頭に立った。

「ボート・ピープル」、今は死語と化したことばだが、当時のインドシナ三国（ベトナム・ラオス・カンボジア）から多くの難民が大挙、政情不安を逃れ、自由を求めてこぼれんばかりの老若男女を乗せた船で頻繁に日本沿岸にも漂着していた。文字通り、着の身着のまま、大人も子供もやせこけて目だけが不安におびえていた。漂流の途中で海中に没した人々も多々いた。

そんな時に街角に流れていた一曲の歌があった。陳美齢、そうアグネス・チャンの「僕の海／Ｃｈｉｌｄｒｅｎ　ｏｆ　Ｔｈｅ　Ｓｅａ」だ。

「今旅立つのよ　夢に向かって
二度と帰れない　旅になるかも

ボートに思い出　積みこんでお行き
生まれて育った　国が遠くなる……　」

どれだけたくさんの若者の心を打ったことだろう。

この歌声は、当時福山の若葉塾を主催していた笹山塾頭やそこに集う若者たちの胸を打った。さっそく、アグネス・チャンさんを呼んで、難民救援のコンサートをやろうという声が上がった。彼らのほとんどが当時十代。笹山塾頭の呼びかけに「賛同」し、あるいはなかば「強制的（笑）」に実行委員会に参加した若者たちだ。遠く京都から駆けつけた京大生のグループもいた、笹山塾頭の教え子たちもいた、昼間は働き、土日や夜だけ手伝った若者たち、地域のおじさんやおばちゃんもいた。大学生たちは、若葉塾で地域の子供たちに勉強を教えたり、チリ紙交換のバイトをしながら生活費を稼いだ。みんながコンサート成功という一つの目標目指して、パンフレット配り、チケット売り、募金活動、新たなボランティア仲間の募集、など朝から晩まで実に献身的に動いた。

「アジア連帯」のかけ声だけでなく、実際に身体を動かし、汗をかいて、様々な人たちに声をかけ、拒絶され、受け入れられる中でしか得られない何かを彼らはつかんで行ったのではないか。同時期、東京で同じことをして同じ思いでいたからこそ、今でもありありと彼らの気持ちとシンクロできるような気がする。

一昨年、笹山塾頭に誘われるままに徳島で当時の彼らとお会いする機会を得た。当時のやんちゃ坊主は、立派な社会人となって、会社を経営したり、地方議員になったり、いくつかの医療法人を経営したりしていた。

そのとき強く感じたのは「生きていく力」ということだ。決して学歴なんかじゃない。もっと根源的な生命力というか、活動力というか人間の知恵やエネルギーそのものだ。それこそが、笹山塾頭から彼らへのプレゼントではなかったかと思えた。

今、ベトナムは平均年齢20代後半、カンボジアやラオスも同様だろう。キラキラした目の若者が、どんどん日本に飛行機でやってきている。その目的はさまざまだ。しかし、共通しているのはみんな夢があるということだ。

新生若葉塾準備教室にお邪魔したとき、3人のベトナムから来た若者と話した。いずれも20代。女性2人はすでに結婚して子供もいた。日本で研修し、お金も貯めてベトナムでレストランなどのお店を開くのが夢と、たどたどしい習いたての日本語で一生懸命はなしてくれた。その白い歯が印象的だった。

さて、日本の若者はどんな夢を持ち、それに向けてどんな行動をおこしているのだろうか。そして、どれくらいの若者が世界を、とりわけアジアを自分の活躍の場にしたいと考えているのだろうか。

若葉塾は、国籍を問わずそんな若者が集う文化の交差点、梁山泊であってほしい。30数年前のあのころの日焼けした顔に真っ白い歯を見せてニッと笑う、逞しく、頼もしい笑顔がまた浮かぶ。

寺子屋とパンフ機関紙

若葉塾創設以来の取り組みに、広報活動と寺子屋創設活動があります。これも多く関係者のご尽力の結果、できたことです。

多くの参考資料も、移転などで紛失してしまいました。37年の歳月は人を待たず、物故者も多く、残存する資料は協力関係の濃密な団体、人々に限られます。

・福山市日中友好協会　西園寺一晃　講演集
・アグネス・チャン　カンボジア難民チャリティーコンサート　パンフ
・中国民族音楽団　北京音楽学院　シルクロードの調べ　パンフ
・日中青年交流協会　機関紙「友好青年」題字　大楽華雪
・内蒙古歌舞団　内蒙古青年連合会　馬頭琴と草原の歌舞
・1985年国際青年年記念シンポin新市　新市町青年団　機関紙「ほら吹き村」創刊（安藤よしくに命名）
・広島県日中友好協会　機関紙「広島と中国」創刊

・広島県青年連合会　機関紙「広島と青年」
・北方領土返還要求福山大会　アトラクション次郎丸太鼓　パンフ
・オーストリア音楽大学　カンマーコール音楽会　パンフ
・パプアニューギニア青年代表団　タイ青年団　資料パンフ
・上海中小企業家　経済講演会　資料
・四川省音楽学院　講演音楽会　四川ママさんバレーボール訪日団　資料パンフ
・四川省青年連合会派遣　四川武術代表団　公演　パンフ
・四川省青少年書画芸術団　四川青少年武術団　資料
・広島県中国武術協会（松山五郎会長）機関紙「広島武林」創刊
・書道文化協会　一華会　四川─広島友好書道展　四川　成都展覧館　パンフ
・相原雨雪　広東美術大学─書道展　国際青年記念10人展
・天満屋福山店　劉炳森、藩その他
・曹崇恩　彫刻画集　瀬戸内の人々彫刻展　広島国際ホテル
・中国広東雑技団　公演　パンフ資料
・福山スポーツ凧カイトクラブ（石原徳治代表）パンフ資料
・パンダ救援展覧団　広島・福山天満屋展示　パンフ資料

（左・右）カンボジアで井戸掘り

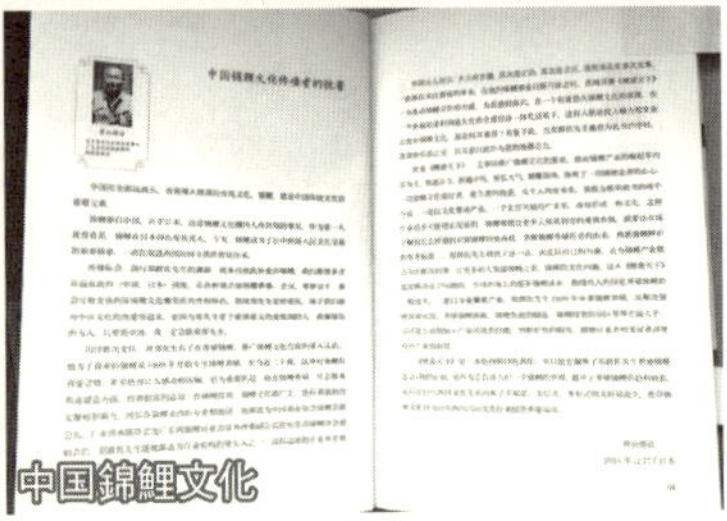

中国錦鯉文化

活動の場はさらに広がり、カンボジアやタイへも。アジア共生の寺子屋「若葉塾」が拠点となった。

若葉塾学習センター

鞆の浦

カンボジアの子どもの絵

第5章

芸術文化活動

３０００名の青年大交流

「中日両国の青年の相互理解を深め、友情を強めるために、わたしは中国の人民と青年を代表して、貴国の友好的な諸団体に対し、つぎのような招請をおこないます。来年の９月あるいは10月、さわやかな秋に、貴国から３０００人の青年のみなさんをわが国に一週間お招きしたい。」１９８３年11月26日に日本を訪れた胡耀邦総書記から出された提案を受け、中国の６都市を舞台に「１９８４年日中青年友好交流」が繰りひろげられました。

第１陣は９月24日。東京、大阪、長崎から計７００人が上海へ、27日には杭州へ向かい交流の後、29日に北京へ。

第２陣は約８００人。25日に東京、大阪、長崎から上海へ。27日に南京へ向かい、29日に北京へ。

第３陣は28日、東京から北京へ、約７００人。

第４陣は29日、東京から北京へ、約７００人。

29日には３０００人の日本青年が建国35周年を祝う首都、北京へ結集し、30日「国慶節」前夜、交歓の夕べが催されました。１万８０００人を収容する首都体育館で行なわれた交歓会では、首都の青年と３０００人の日本青年とが一堂に会し、歌あり踊りありの出し物の交換。

10月１日は、「国慶節」。天安門前で、人民解放軍の陸海空３軍の精鋭による力強い行進と、労働者、市民、学生のはなやかなパレードが続き、建国35周年を祝うにふさわしい一大祭典でした。

夜は花火大会、天安門前広場を埋め尽くした数十万の北京市民とともに、大輪の花火が次々と炸裂し、「平和」と「友好」をたたえ、21世紀への変わらぬ友情をともに確認しあいました。

知ることが友好の第一歩

石川一郎広島県日中友好協会理事

秋晴れの9月25日、私達は青年大交流に参加するため日本を出発し、一路中国へと向かった。

私達の参加したコースは、南京コースと言われ、上海・南京・北京の各都市を回るコースだった。その他にも杭州コース・西安コース・武漢コースと、3000名が滞在期間をずらして4つのコースに分けられ、9月29日より10月2日までの4日間だけ3000名が北京に集まった。

最初の訪問地・上海の空港に降り立った私達を出迎えてくれたのは、市民の熱烈歓迎だった。飛行機からバスに乗り込むまでのほんのわずかな道のりに、小学生を含む学生や若い労働者ら数百人、いやもっと多くの人達が私達の両側に並び、「ローリエファンイン（熱烈歓迎）」を繰り返し、踊りや演奏で歓迎してくれた。

各訪問都市では、さらにいろいろな団に分かれて行動し、それぞれの目的地で交流を行なった。私達の一行は、まず、実験小学校という小学校を訪れた。職業柄、教える方にやや興味があったが、限られた時間では充分とはいえなかった。中国の学制では、9月が新年度であるため、1年生は制服がないようだった。学校は活気があり、課外活動も熱心に行なわれているようで、たくさんの作品などお土産をもらい、歓迎会まで開いてくれた。

その夜は、杭州コースの参加者も加わっての歓迎晩餐会とダンスが行なわれ、中国の青年たちと共に楽しい時を過ごした。

上海では、その他青年大交流を記念して作られた時計台の除幕式に参加するため虹口公園を訪れ、そこで党学校の教師・学生との交流を持ったほか、魯迅の墓を見学した。また、上海体育館で行なわれた歓迎会には日中青年1万8000人が集まり、友好を誓った。

上海から南京への移動は列車だったが、4時間余りの旅も苦にはならなかった。

南京駅に到着すると、またしても熱烈歓迎を受けたが、南京は私たち日本人にとって忘れることのできない所であり、歓迎に甘えてばかりでなく、今後の友好運動に生かせるような交流をしなければと思った。ここで随行してくれた大学生は、日本の若者が中国青年の考えに興味があるのと同様、日本の若者の考えに非常に関心を寄せていた。

南京で印象深かったのは、孫文の墓である中山陵と南京博物館を見学したことである。北京へ移動する日で、あまり時間のないところを訪れたわけだが、中山陵では、孫文の掲げた三民主義「民族」「民権」「民生」の文字が鮮やかに目に飛び込んできた。学校の授業で型通りのことしか学んでいない私だが、大事なものを見つけた時のような感じだった。また、南京博物館では、「長征」の記録はあったが抗日戦争の記録は見当たらず、中国側のこれからの交流を大事にしたいという配慮なのだろうかと感じた。

29日の夜から帰国まで北京に滞在したが、その間いろいろな行事が行なわれた。その中で最も大きな行事といえば、やはり、10月1日国慶節行事であろう。

建国35周年記念の国慶節は、秋晴れのなか天安門前広場に30万人とも50万人とも言われる人々で埋まり、何とも言えない興奮に包まれると同時に、中国の大きさを感じずにはいられなかった。また、35年ぶりという軍事パレードを目の前にした時、複雑な気持ちになったのは私だけではなかったと思う。私としては、この軍隊が日中両国間では不必要なものであり続けることを祈らざるを得なかった。

また、３０００名が初めて一緒になったのは人民大会堂だが、普段は中国各地の代表が集まり会議を行なうこの建物に足を踏み入れた時、私たちは日本の代表として訪れたんだなという実感のようなものがわいてきた。

その他、首都体育館での歓迎会、天安門前広場での花火大会、また万里の長城、明の十三陵や故宮博物院の見学など、目まぐるしく変化したが、全然疲れを感じることはなかった。むしろ、中国の長い歴史の一端に触れ、その雄大さ、荘厳さにただ驚くばかりのこともしばしばあった。

全体的にこの十日間は、初めて中国を見る私にとって忙しすぎた感はあるが、そのなかで、今までに広島に訪れたことのある先生方にお会いできたことは何よりであった。上海では、偶然お目にかかった太極拳代表団の周先生、南京では版画家の黄不バク先生と清涼山で楽しいひと時を過ごし、北京では書道家の劉炳森先生に故宮博物館を案内してもらい、夜には、わざわざ宿を訪れてくださるなど、大変嬉しく思いました。

この交流を通し、自分の無知さ加減にあきれましたが、知ることが友好の第一歩と思い、今後の活動に生かしていければと思っています。

国際交流と青年団

私は広島県の青年団の再建に本格的に動き始めました。

日本の青年団の歴史は先にも触れましたが、戦後、日本青年団協議会の結成直後の１９５４年、日青協代表団が日中国交正常化前の中国を訪問し、中国青年との交流を開始しました。この時、ワルシャワの世界青年大会に参加した斉木貞尭・広島青年団（後に県議会議員、西条商事スーパー社長）が、モスクワ経由で北京を訪問しています。日青協は１９５６年に第１回代表団を派遣し、以後中華全国青年連合会との定期交流を続けてきました。この時は、廖承志会長が日本の青年50名を招くべく、広島からも小森龍邦（後に社会党衆議院議員）、内田重郎（新市町長）両氏が選ばれ盛大に送り出されましたが、朝鮮戦争休戦協定後のアメリカ占領軍が共産主義の中国への50名の渡航は国益に反すると圧力をかけ、日本の外務省はビザを発行しませんでした。そこで、竹下登（島根県団長、県議）、中曽根康弘、海部俊樹ら青年団ＯＢの国会議員らの仲裁もあり、半分はアメリカ、半分は中国に配分して東京で長期滞在後帰郷するというわけのわからない策がとられ、帰郷後も仲間から「いつ帰国したのか」と問われ、狼少年のような対応をせざるを得ない中で、なんとか実現した訪中でした。これは元福山市商工部長の多木省二氏（当時広島県連団長）が後に私に話してくれた話です。

そんな青年団の再建に向けて、まずは福山大学の土木科へ通いながらたばこなどの農業に精を出している弟の幸造君に、同級生たちと常金青年団の再建に参加してもらいました。すると、幸造は持ち前のやんちゃ坊主でガキ大将の指導力が大いに発揮され、田辺慶子、白土秀起君などの同期生の参加、藤原きよと、重西兄弟などのＯＢの応援もあり、金丸中学での芝居興行、夏祭りを行なうなど、元気な青年団を取り戻しました。

しかし、そこで残念なことに、幸造は、福山大学の恩師・冨田教授の推薦もあり、大阪八尾の錦城護謨株式会社に新設された土木事業部へ就職することになってしまいました。どんな団体も、組織の屋台骨をなくすと体制を維持するのは容易ではありません。

そんな中、1983年の秋に、中国の胡耀邦総書記が来日し、NHK大ホールでの訪日歓迎会の場で、日本の青年を招待するとの発言があり、日本側も大いに盛り上がりました。当初は1万人を招待するとの話でしたが、当時の飛行機の輸送能力や中国の財政上の負担の問題などから3000名に縮小されました。こうした経緯を、李建華氏（日本の大相撲中国公演の立て役者）から、北京の釣魚台迎賓館で開かれた劉遅国際交流協会理事の歓迎昼食会の席で聞かされました。胡耀邦氏は後に、中曽根康弘総理の北京大学での講演の後、靖国参拝や教科書問題が起こり、対日外交の責任を問われて辞任に追い込まれました。

ある日、北京の青年団の事務所で会談の後、特別に中南海で昼食をということになり、中華全国青年連合会国際部の李剛部長、曹衛州副部長、王達祥副秘書に招かれて歩いて行くと、途中で胡耀邦総書記の定例のジョギングに遭遇しました。総書記はすぐに王達祥先生を見つけて近づいて来られ、紹介された私に「どうも、どうも」と日本語で声をかけてくれました。おまけに、護衛の武術の達人たちも皆「どうも、どうも」と挨拶。気さくな性格が今でも印象に残っています。

内蒙古草原のシルクロードの芸術家を迎えて
―内蒙古歌舞団県内公演（１９８４年11月13日）

葛継善団長のあいさつ

私たち、中華全国青年連合会内蒙古青年連合会は、日中青年交流協会、日本国広島県日中友好協会のお招きを喜んで受け入れ、中国内蒙古烏蘭牧騎訪日代表団を組織して貴国を友好訪問することになりました。

このたびの訪問公演は、全く友好団結の願望から出発し、さらに一歩、中日両国青年の相互理解と友誼を増進するためであります。中日両国の指導者は21世紀に目を向け、両国の関係を発展させるために賢明なる決定を下しました。胡耀邦総書記は、日本を訪問し、中日友好史に輝かしい１ページをしるしました。この秋に行なわれました中日青年大交流は、中日両国青年の友好往来のために広大な道と前途を切り開き、中日善隣友好関係の長期的な、安定的発展に対し、積極的な作用と深遠な影響をもたらすことでしょう。

私達の訪問公演は、まさに先輩たちが切り開き、すでに安定した中日友好関係を継承し、強固にし、発展させるためであります。そして、日本各界青年との芸術交流と広範な往来を通じて、相互に理解、学習と合作を強めることができます。

内蒙古ウラムチは演出内容へ形式において、独特の風格を持ち、わが国では大きな影響力を持っています。周恩来総理は、かつてウラムチの演出と組織形態に高い評価を与え、ウラムチのメンバーを幾度となく接見しました。ウラムチ式の文芸団体は内蒙古では、すでに広く普及し、しかも全国各地に次から次へと出現しております。

このたびの訪問公演を通じて日本人民と青年に、中国内蒙古、そしてわが国の伝統的文化芸術をより一層理解していただけることでしょう。同時に、私達もこの機会をお借りし、日本の優秀な民間芸術と先進的文化科学の学習に努めたいと願っております。

私達の短い訪問期間において結ばれた友好関係はいつまでも続き、限られた公演の演目が生み出した友誼の種は、まさに無限のものとなることでしょう。私達の友好訪問公演が、五色の色を散りばめた友誼の橋をかけ、中日両国人民の世々代々にわたる友好の願望を実現するために、相応の貢献をするものと確信しております。

最後に、私達は内蒙古青年連合会と代表団全員を代表し、私達のこの度の訪問公演に立派な条件を提供してくださった日本の友人と友好団体に対し心から感謝申し上げます。

熱烈歓迎の広島公演

中国内蒙古歌舞団の一行は、翌14日午後、広島に到着しました。団員の鮮やかな民族衣装がまず人目を引きました。一行は市民の注目を浴びながら宿泊先のホテルに向かい、夕刻の県協会主催の歓迎レセプションに臨みました。

歓迎会は、新田篤実理事長（広島公演実行委員長）の歓迎の挨拶で始まりました。ついで葛継善団長から訪日代表団を代表しての挨拶とともに、「世世代代友好下去」と記された内蒙古青年連合会の記念の旗が贈られました。

乾杯のあとは終始なごやかなうちに宴はすすみ、日本側からも中国語の歌などが次々に披露されましたが、それにも増して中国側の熱気はすばらしいものでした。次々にすばらしい歌が飛び出し、どのテーブルからも、それに唱和する歌声や手拍子が沸き起こります。なかでも、ソプラノ歌手の金花さんが出演者に次々にビールをすすめながら歌う「酒歌」は大喝采を浴び、友好のムードをいよいよ高めました。

一行にとって最初の公演に当たる広島公演は、翌15日午後6時30分、広島市東区民センターで開演しました。あいにくの小雨の中を集まった約４００名の観衆は、蒙古族の民族色豊かな歌、舞、民族楽器の演奏を堪能することができました。蒙古の古い曲、新しい曲に交じって日本の曲も披露され、拍手はさらに大きくなりました。そして最後は、団員と観客全員による「四季の歌」の大合唱。舞台と客席が文字どおりひとつになってしめくくられました。

この日の観客の中で、とりわけ熱狂的だったのは花束を手に駆けつけた広島中国語学習会（津田欣二理事）の人たちでした。客席中央に約20名が陣取り、中国国旗の小旗を振りながら団員の熱演を熱烈歓迎しました。

翌朝、一行は平和公園を訪れました。資料館を見学し、原爆慰霊碑に参拝の後、10時には市役所を表敬訪問。出張中の荒木広島市長に代わり、西田展康収入役が一行を迎えました。そして広島駅から次の訪問地福山へ。

丸2日にも満たない短い滞在でしたが、その出会いの後の別れは、親友との別れのようでした。固く握手をしながら涙を浮かべる人、自分のブレスレットをはずして腕につけてくれる人。そして、動き出した列車の中で手を振り続ける人たち。去っていく人たちに手を振りながら、この次はきっと内蒙古でお会いしますと思い続けていました。

人間の美しさ

長岡章詞　因島公演実行委員長

私と中国の直接のかかわりは、農業青年が因島市を訪れた時、仕事の関係で歓迎会の準備などをすることでしかありませんでした。

ところが、昨年11月、はからずもウラムチ歌舞団のみなさんの因島公演を主催することになったから驚きでした。しかし、主催するにあたって第一に考えたことは、公演はもちろん見ていただきたいですが、このことを通じて、因島市や瀬戸田町の人々が中国に対して友好の心が生まれることでした。因島市は、造船技術の習得のため十数名の中国の人が長期滞在しているが、それは造船関係者のみ承知のことで、市民の殆どが知らないという状況だっただけに今回のウラムチ歌舞団のみなさんの来因がより印象的でした。

団員のみなさんを夕方福山市から迎え、宿に着くなり打ちあわせ、レセプションと時間に追われての行動で大変であったろうと思いましたが、レセプションでみなさんのおおらかな姿に接し、人間の大きさを痛感した次第です。そのためでしょう、私どもとも気安く話しかけられたり、翌日の観光バスや、因島での日程を終えて次の地へ行くバスの中での歌や、会話など本当に飾り気のない姿に接し、人間の美しさを教えていただきました。

因島での公演は、単に内蒙古の芸術を鑑賞しただけでなく、因島市民と中国との友好の大きな素材となりました。私どもは公演後、日中友好の組織作りに向け引き続き根強く頑張っており、公演を鑑賞された多くの方々から好感の意が伝えられ、気を強くしているところです。

今回の公演を主催することができた事を大変嬉しく思いますとともに、胸を張って日中友好のため今後も頑張っていく所存です。

魂のふれあい—竹原公演

日中友好交流の歴史は、過去2000年の長きにわたっており、1984年の10月には、中国側から3000名の日本青年が招待され、交流のムードはさらに大きく盛り上がったところです。

そうした中で11月、竹原市において中国内蒙古自治区青年連合会蘭牧騎訪日代表団の交流と歌舞団公演を開催し、多くの成果をおさめました。

竹原市における交流と公演は、部落解放同盟広島県連合会竹原市協議会が中心となって公演実行委員会を作り、竹原市（森川繁喜市長）、竹原市教育委員会（米田実教育長）、世界人権宣言竹原実行委員会（福島正信委員長）の後援を得て、市内の各界、各層を網羅する形で取り組まれました。

竹原市における交流の日程は、11月19日到着、夜は歓迎レセプション。20日昼間は、市内の火力発電所（電源開発ＫＫ）と栽培漁業センター（広島県立）の見学。竹原市役所を表敬訪問。夜は歌舞団の公演と、部落解放同盟竹原市協役員との交流。21日は次の公演地（府中東高校）への送り届けと、短時日ではありましたが、密度の高いものとなりました。

19日夜のレセプションは、森川市長、大沢市議会議長、米田教育委員長、福島人権実行委員長、管原企業協会長、本田地区労協会長をはじめとして、市職労、広教組、高教組、解放同盟の各青年部代表など、各界、各層を代表する約80名が参加して行なわれました。

会はまず、参加者全員による記念撮影から始まり、公演実行委員会を代表して中島市協議長の挨拶、森川市長の歓迎挨拶、大沢議長の乾杯の音頭で交流に入り、各代表は、初めての交流経験のためか、はじめのうちは遠慮がちの様子でしたが、市協婦人部による「竹原音頭」をはじめとする舞踊や、藤野市助役の「詩吟」などの披露と、それを受けての葛団長の謝辞、団よりの記念品の贈呈、さらには団員による歌唱や舞踊の披露など、雰囲気は最高に盛り上がり、最後には、団員と参加者全員がひとつの輪になっての「竹原音頭」の踊りで、交流は大きく花開きました。20日午後7時からの歌舞団公演は、前夜の歓迎レセプションの盛り上がりも受けて、開場早々から市民が続々と押しかけ、市民会館大ホールの９００席はほぼ満席という状況で進められました。

公演内容は、歌唱、舞踊、器楽演奏と多種多様で、広大な草原に響き渡ると思わせるに十分な張りのある歌声、高原を駆け巡る姿を思わせる勇壮な舞踊、そうした中にあって器楽演奏にある繊細な技法などは、まさに生活の中から湧き出る民族のエネルギーが直に伝わり、約2時間もあっという間に過ぎて、アンコール出演となった「四季の歌」では、団員と観客が一体となっての大合唱となり、友好交流はいやがうえにも盛り上がりました。

公演が終わり、帰路につく観客は、口々に「出演者と観客が一体となれた。こんな公演の経験は初めてだ」、「今後、見ることもできないようなものを見せてもらい、本当に楽しく過ごせた」、「友好交流の意義を十分に知ることができた」と、その感激を伝えてくれました。

宿舎に帰ってからの、団員と世話役の市協関係者の少数での最後の交流は、さらに親密度が加わり、言葉は通じなくても、人間と人間の魂のふれ合いは、いかなる障害をも乗り越える大きな力があるものだと、改めて強く感じさせられました。

21日早朝、府中市まで団員の皆さんを送り届け、この3日間の経験をとおして、日中友好交流の広範な発展を願うとともに、今後も、その役割をより多くの人たちが果たすことが必要であると、その決意を新たにしました。

確かな手応え—福山公演

中国内蒙古ウラムチ歌舞団と福山市内の小学校や市民との歌と踊りの交流会が28日、市民会館で行なわれました。

市内の小学生との交歓会には、南、霞、川口小の児童約１０００人が招かれ、歌舞団から「友好」の小旗が３小代表に贈られ、続いて子どもたちが団員全員に自作の絵をプレゼント。南小６年生による器楽合奏に続いて、全児童が「四季の歌」などを披露。この後、歌舞団が小学校の教科書にも登場する「馬頭琴」という民族楽器を演奏し、全員が歌い踊る独特の内蒙古歌舞を１時間披露。初めて中国民芸に接した児童たちはうっとりと見入っていました。

同日夜も、市民多数が参加して「友好の夕べ」が開かれました。シルクロードの香りを漂わす遊牧民族のリズムと躍動美に酔い、「北国の春」を中国語と日本語で歌うなど、なごやかなムードの中民間交流が繰りひろげられました。

一行は29日夜に府中市文化センターで公演を行なった後、30日にはニチイ福山店の協力で店内を見学し、広島加計学園英数学館中・高校を訪れ生徒と交歓しました。これは、６月に高校２年生の希望者が北京と内蒙古を訪問して、内蒙古大学や呼和浩特《フフホト》第二中学を訪れて友好交流を深め、特に呼和浩特第二中学とは教育交流の協定を結んでいることもあって、歌舞団の来日を機に実現した学校訪問でした。

多くの市民との幅広い交流で、深い感銘を与えて公演は成功裏に終えることができました。公演終了後、感激やまない多くの市民が舞台で感謝と日中友好発展を願いながら、体全体で力一杯団員と握手する姿が多く見られました。また、公演の成功を支えた人たちの中に高校生を含む多くの青年がいたことは、21世紀への日中友好を大きく促進させる原動力となるだろうことを感じさせました。

国際青年年（IYY）

地元の新市町青年連盟の活性化を図るために、機関紙「ほら吹き村」を創刊しました。昔から備後の吉備津神社の節分祭に、境内で備後各地の雄弁家が夢を語る行事にあやかり、青年が未来の村おこしの先陣を切ることを願って名づけました。命名したのは、広島大学政経学部を卒業して戸手高校に着任した安藤義邦先生（現・愛知県高校教師）です。

1985年6月、国際青年年（IYY）のシンポジウムを、広大の留学生の協力を得て、新市中央公民館で盛大に開催しました。これを契機に、青年の社会参加を呼びかける活動を、青年団再建に結びつけて始めました。総理府の提唱する青年参加の人材育成に、県庁の広島県青少年課の出口主任が呼びかけ、86市町村IYYキャラバン隊が結成されました。私は備後地区隊長として、県庁での知事の激励出発式に臨みました。一行は、広島発見の2泊の旅に出かけ、県内青年の交流参加を呼びかけました。備後方面隊はマイクロバスで約40市町村を表敬訪問しました。新たにこのキャラバンに参加した広島の学生や青年たちとの交流の旅は楽しいものでした。初めての市町村訪問に、表敬の挨拶の見本を「自称万年青年隊長・笹山」が示しました。そして、よい機会なので、団員全員が順番に挨拶することを提案し、いくつかの市を除いて了承されました。私は仕事が分担され、業務が削減されて大いに助かりました。

この年にはまた、四川大学中国語・運動技術学院へ武術留学生を派遣。また、四川省青年連合会武術団、書道芸術団の受け入れや、８月の３００名の日中青年交流、青年友誼の碑建設訪中団の派遣、10月の中国語青年の船５００名中１７０名の広島県受け入れなどが続きました。私は、県内を歩いて、多くの地元青年や行政の青少年担当者と知り合い、とても有益な1年となりました。

それまでは、若葉塾の青年団関係者である客本、力石君たちが広島県青年連合会のことを話しても、「まだ活動しておるのか?」と、まともに取り合ってくれず、悔しい思いをしましたが、キャラバンに参加した仲間は、これを大きな自信に変え、広島市東区社会教育センター内に広島県青年連合会事務所を再起動させました。そして、1名の社会教育委員の枠を取り戻し、私が委員に任命されました。こうした活動を通して、県議会の議長経験者である大山広司、木曾初行ほか30名以上が青年団ＯＢとして県政で活躍されていることを知りました。所属政党は異なるものの、青年団の同じ釜の飯を食った仲間として活躍中であると、自民党の三良坂出身・鷲尾利三議員や社会党の小島議員から聞かされたのです。そして、社会党の森井忠良衆議院議員や小森龍邦氏、大野町の沼田久町長ほか多くの市町村長を紹介してもらいました。彼らからは、戦後の原爆の焼け野原からいかに町や村を再建したか、「反核・平和の原水禁運動」における青年団の役割、革新政党の分裂・対立で平和を願う運動も分裂した歴史、そして、安芸の国・備後の青年運動の主導権争い、主に社共の不団結が青年運動、とりわけ地方の青年参加への不利な状況をつくったこと、その負の遺産をいかに克服するか、といったお話を聞かされました。私は、国際青年年を転機に、「村おこしと国際交流の担い手、青年を主役に」を目的に、県内を歩き回ることにいっそう燃え、家に帰る時間が今まで以上に少なくなりました。

青年たちが仕事を終えてから集まりに参加すると夜7時以降になるため、勤労青年が職場の仕事を終えてから参加することは容易ではありません。「青年団の父」山本滝之介の「田舎青年」の舞台・沼隈町山南でさえ、当時青年団は衰退していました。就労形態の変化、工業化の波にあえぐ工場の勤労青年の参加をいかに呼びかけていくか、指導力が問いかけられました。

三国志・蜀の都で乱舞

広島県青年団の力石洋三会長と四川省訪問団の準備中に、芸北の千代田、美土里などの有田神楽団関係者と、伝統芸能である有田神楽を蜀の都であった成都で公演できないか、という話が持ち上がりました。そして、若手神楽団の小笠原勝宏世話役とお会いしてお話ししたところ、すっかり意気投合し、若手の仲間に声をかけてもらい、３日後には参加するとの返事をいただきました。

練習を見に来てほしいということで出かけると、高田、千代田の神楽団の若手名優たちが大蛇退治の練習に汗を流していました。それから、一段落したところで海外公演の説明をして、皆さんの快諾を得ました。

ところで、しばらくして小笠原君から、神楽の衣装と道具の貸し出しに関して、師匠へ説明に来てほしいとの連絡がありました。何でも神楽の衣装は絹の特別製作で１００万円以上もするとのこと。そこで、力石団長に県教育長へ協力要請に出かけてもらい、クリーニング、輸送代を担保することで貸し出しの許可を得ることができました。完全にこちらの手順ミスで、まず師匠に挨拶に行くべきでした。芸事の手始めを怠ったことに反省しきりでした。

訪問団は上海人民対外協会の周金美先生の手配で、上海経由で成都へ。四川省人民政府の除世軍副省長による海外の招待客との合同春節歓迎会に招かれ、特別ゲストの今西夫妻の大漁節の踊り、中国語の年軽的朋友来想会、パンダのミイミと、海外の参加者も大喜び。アメリカの総領事も挨拶に訪れていました。

四川劇は、京劇、広東の伝統劇などと並んで、中国を代表する劇であり、日本の歌舞伎のように愛好者も多く、四川歌劇院は名門校です。ですから、ここの名優と神楽との共演は、観客も舞台にかぶりつきで見入っていました。神楽団も慣れたもので、のたうつ大蛇が火を噴く特殊技術の迫力には、火薬を発明した中国人も、会場からどよめきが起こりました。そして、最後は日中の演技者が乱舞して幕が閉じられました。

代表団の活動を四川テレビが放映してくれたおかげで、その後、代表団は三国志の名所見学も果たしました。地方の芸能が海を越え、新たな神楽の村おこしが始まったのです。石川一郎副団長（舟橋向島青年団）は、重慶青年団の研究者から重慶無差別爆撃の証言を聞かされ、衝撃を受けたようでした。これは、後に沼田鈴子広島平和訪中団の被爆証言、現地追悼、慰霊の受け入れにつながりました。

また、顧問の書道家・相原雨雪氏と四川書法協会の書道揮毫は、その後画家の二人展、広東での個展につながりました。芸術、文化の出合いは、相互理解と友情を生み出すエネルギーを秘めています。神楽団の訪中が、またひとつその種を蒔きました。

シルクロードの調べ、中国民族音楽団の福山公演

1982年6月、静岡県の青年団OB鈴木重郎氏から、王達祥団長ほか中華全国青年連合会派遣の中国北京音楽学院一行の広島県訪問を受け入れてほしいと連絡を受けました。そこで、短期間の準備作業によって、備後地方で中国の音楽、芸術関係者との出会いと共演の場をつくることになりました。中でも、御幸町の小池薬品の小池敏仁社長（福山市立高校の教

え子で若葉塾の一期生）の貢献は大きかったです。彼の力によって、書道家・劉炳森氏と一華会の大楽華雪会長、墨盈会の相原雨雪会長の出会いが実現しました。そして、翌年には日中書道二人展を福山天満屋で開催することになったのです。劉先生は、故宮博物館で長年にわたり明、清の時代の古文書を研究してきた方です。若手によって再建された中国書法家協会の周而復副主席の肝いりで、日本の書道会との交流に来日され、翌年の二人展の開催につながったのでした。

中国民族音楽団の福山公演は、井原繁事務局長、横橋保孝会長の尽力により、荒木計三文化連盟会長や宮城流の琴による邦楽演奏の歓迎により、市民会館１６００席を満席にして開演されました。帰国者の青年も久しぶりの祖国の友の中国語に元気満々、随行通訳で活躍しました。言葉の果たす役割を改めて学び、同行した面々も中国語学習、若葉塾の中国語教室の充実を誓いました。

特別に、中川健三氏の要請により、船町の自宅で中川弘市長、徳永光昭県議、ほかの参加者で昼食会が催されました。また、戦前に中国で過ごした各方面の先輩から多くの問い合わせがありました。戦後初めての中国代表団の福山訪問に、関係者の想像を超える反響があり、驚きを禁じ得ませんでした。「音楽、芸術に国境はない」。著名な演奏家と備後の若手演奏家や歌手のコラボも芽生えました。

親としての仕事の分業

「他人の子どもの相談には熱心に乗るくせに、わが子の参観日ぐらいは私と交代で行ったら」と連れ合いの洋子に言われ、息子有樹が府中高校の時、教師との面談に行きました。有樹は入学以来、野球部に入り熱心に練習していましたが、体力的に練習についていけず、また、勉強にも身が入らず、休みがちになり、母親の話も聞かずにいました。そこで、たまには父親らしく、代わりに担任との相談に出かけるよう、厳しく要請されたわけです。

野球部の監督は、元誠之館の同僚のO先生、16歳の息子の件であまり意見を挟むのも何だと、会うことはせず、名門大学出の担任の女先生との面談に赴きました。すると、開口一番、「姉の有香さんはよく勉強できて国立大学へ入学できましたが、有樹君の現状では進路は危ういです」ときつい助言をいただきました。話を聞きながら、息子も家で母親からとやかく言われ、学校でも教師からこう言われたら、もうやる気が出ないだろうと、自分の学生時代の経験を思い出しながら考えたものです。

しばらくして先生から、「何かお父さんとしてご意見や感じることはありませんか?」と、ようやく発言の機会が回ってきたので、「あの、先生。男の子は姉と比較されるとよけいひがみませんか? 少し長い目で見てくれませんか? 本人がトンネルから抜けて自分の道を見つけるまで、登校しなくても、長い人生から見ればどうこういうほどのことではないのでは」

と言うも、議論が噛み合わずに時間切れで、父親として分業の仕事の成果を上げられずに終わりました。長年同じ仕事をしていると、だんだんと教師至上主義の観念論に陥る危険性を感じさせられました。

エリート意識に取り憑かれた担任教師に十分反論できずに帰宅し、息子とキャッチボールをしながら、「空いた時間に若葉塾の留守番でも手伝うか？」と何気なく言ってみました。息子も興味を持った様子だったので、それ以上は何も言わず、後日、事務所の星野公昭氏に送迎をお願いしました。それから私が海外から帰ると、留学生との出会いが何かの転機になり、息子は高校へ普通に通い始めました。

私の弟の幸造は陸上部の三段跳びで広島県大会入賞と走り高跳びの選手。妹は砲丸投げ、末の弟の優治は少年野球とバレーボールで名を上げ、バレー部ではキャプテンもしました。中でも優治は東京の大学からスカウトが来るなど、セッターとして注目されていました。県大会で活躍し、大阪商大に一般入試で入学しました。大学2年生の秋の大会後、帝人三原のバレー部にセッターとして採用され、親孝行にと退学して社会人バレーの世界へ入りました。その後は住友金属へ移籍し、女子バレーの柳本監督やサントリーの大古監督とも縁があり、里山のがんばり精神でバレー道を突き進みました。

弟は、バレーで道を切り開くことに成功してくれ、本当に良かったと思います。

瀬戸の花嫁

瀬戸は日暮れて 夕波小波…「瀬戸の花嫁」で知られる瀬戸内海の内海町に、妹・文が縁あって嫁ぐことになりました。相手は漁業組合組合長・渡壁金治郎氏の長男・和久氏です。父・宗太郎は喜び、母・弘は島の生活に里山の娘が馴染むか、少し心配していました。私は、若葉塾の若者の人生相談係を長いこと務めていた妹がいなくなることに、一抹の不安を覚えました。

内海町は温暖な気候で、豊饒の海が特色であり、近隣からの釣り客の穴場でもあります。和久氏は漁業だけでなく、1000頭の豚を飼う養豚団地をつくり、早朝から、時に泊まり込みでも働く青年で、妹もそれをよく支えて働きました。

和久氏の父親・金治郎氏は、海軍の南洋作戦に参加して多くの戦友を失い、戦後は一貫して戦争に反対してたたかった勇敢な漁師の大将です。社会党の創設メンバー・高津正道を支援し、一族の渡壁正徳氏を法政大学で学ばすために高津議員の書生として推薦し、正徳氏はその後、広島県議会副議長になりました。金治郎氏は正徳氏の後援会長になり、自らも町会議員として地方自治に貢献されました。

こうした中、中国の海産物調査を兼ねて、備後地区の組合長らを広東省の漁業視察団として派遣。その成果は多方面にわたり、団員であった村上勝士さんはその後、沼隈町長としてワインの里づくりに励み、また、青年団運動の先覚者・山本滝之助の生家保存と記念資料館づくりに日本青年館とともに取り組みました。福山の前田市議は、海苔の養殖に励むとともに、小川真和市議と協力して上海と福山市の民間交流を推進し、日中友好議員連盟を立ち上げました。バラ農家の奥山氏は、広東からの農業研修生を、広島フラワー総合校とともに初めて受け入れ、広東省との絆を深めました。

内海町は海の砂の採取を禁止して海を守る活動にも貢献しています。対岸には常石造船所があり、世界の船が行き来しています。海の回廊をめぐる原点を見つめる島で、妹は3人の子どもたちと潮騒に聞き入る毎日を送っています。

草原の青き狼の末裔、モンゴル族（ハマグイ、ハマグイ）

「シエン バエノー、こんにちは」「スゲール スゲール、どういたしまして」「アエイオウオウ カケキコクコク、あいうえお かきくけこ」モンゴル語は日本語とよく似た、ウラルアルタイ語系の言語であり、何ともいえない親近感があります。また、民謡の追分に似た旋律を聴くたびに、源義経がモンゴル草原に逃れた伝説を思い出します。

1983年8月の内蒙古草原での日中青年キャンプの成功を受け、尼馬青年旅行社副社長とジャムス副主席の2人の内蒙古青年連合会先遣隊を若葉塾に迎えて、今後の友好事業の協議を行ないました。そして、RCC中国放送の手配で、「スーホの馬」で知られる馬頭琴の生演奏を、山崎優解説委員により広島県下に紹介し、大きな反響がありました。戦前、内蒙古に住んだことのあるベルギー人宣教師さんからも問い合わせがありました。

翌84年の秋、3000名の日中青年交流の大成功を受けて、前年から準備に入っていた草原からのシルクロードの芸術家受け入れ準備も、日中青年交流協会の横橋保孝会長を先頭に、県内の青年団をはじめ各種団体に呼びかけて進みました。

内蒙古歌舞団の受け入れ

また、劉雲山内蒙古青年連合会責任者（現・中国共産党政治局常務委員、書記処書記）一行の内蒙古歌舞団を、初めての海外派遣して日本に受け入れる準備も、内蒙古人民政府の金海如秘書長・外交担当の支援のもと進みました。金海如氏は戦前、山口経済専門学校（現・山口大学経済学部）に留学し、後に東京外国語大学学長になる鐘ヶ江信光（中国語）を指導教官に学んだ日本通で、1960年代に初代新華社東京支局記者としてLT貿易の事務所も兼務し、72年の日中国交回復以前に、高碕達之助、廖承志らの経済交流の窓口の役割を果たした人物です。

中国の青年連合会の海外派遣は北京の国際部の許可がいり、初めての少数民族自治区から国の一級国宝の芸術家たちの日本派遣ということもあり、私も何度か北京の国際部に足を運び、了承を得ようとしました。また、当時は国際電話も直通ではなく、わざわざ広島市のＫＤＤへ出向き、時間と経費をかけての一日仕事でした。その頃は写真電報が最短の方法で、後に知人の紹介でＮＴＴから高額のテレックスを導入して国際交流を推進することになりました。お金と根気のいる外交交渉を、地方のＮＧＯが始めたのです。代表団を招請するために、84年当時、中華全国青年連合会の曹衛州副部長（現・全国人民代表大会秘書長）と相談して、部長の承認を得るために内蒙古から北京まで代表の幹部に来てもらい協議をしたことが、まるで昨日のことのように思い出されます。

地方組織は中央の指示に従うという組織原則を時に飛び越えて、日本流の直接草の根民主主義方式で、地方に直接招請状を送り、調整役の共青団中央委員会の老幹部の助言でようやく解決することも。「５つのあ＝あわてず、あせらず、あなどらず、あきらめず、あてにせず」の始まりでした。

内蒙古歌舞団はようやく北京の日本大使館の入国許可が下り、天津港から神戸港への船旅に。草原の人々は初めての大海に大喜びで、船酔いも無事に乗り越えて来日しました。神戸港に到着するとすぐ、日中芸術交流センターのスタジオで録画、草原の音楽テープの作成の後、各地の公演会場で蒙古の歌曲を披露し、大盛況でした。広島県以外にも、広大の吉田繁教授の案内で、鳥取県大山のふもとの香取村での公演は、ひときわ印象的なものとなりました。戦前にモンゴルから日本へ嫁いだ婦人との出会いは、草原の歌姫たちを大いに感動させたのです。また、香川県の人々が国策として満蒙開拓団として中国分村計画で東北地方（満州原野）へ行き、敗戦後、同胞たちと生き別れ、かろうじて故郷の香川へ帰国するも、受け入れられる土地も十分になく、鳥取へ再度入植して、原野を切り開いて困難を克服し、ようやくふもとで牧畜の協同組合を立ち上げたという苦労話は、団員一同を感動させました。搾りたての新鮮な牛乳は、蒙古の故郷の草原を思い出させたことでしょう。

牧畜研修生の受け入れ

これが縁となり、劉雲山氏の要望で、牧畜研修生の受け入れが始まることになりました。有名な歌手のラスロン氏の夫人は周恩来総理の弟さんの娘で、「下放青年」のひとり。文化大革命期の「4人組」は周恩来総理を攻撃する方法として、弟の弱点を洗い出し、中南海の指導権を狙って追い落としを図りました。こうした状況を打開するために、弟の娘を内蒙古に、息子を新疆ウイグル自治区へ下放させたのです。後日、草原の知識青年のひとりとして、人民中国記者・劉世昭氏とともに、厳寒の冬のゲル（パオ）でジンギスカン鍋を囲みながら聞いた話です。

私たちは研修生の、日本の牧畜を学び、草原の民の生活の向上に励みたいとの決意のもと、

６カ月の牧場研修を受け入れました。私たちの受け入れた方式は、「郷に入れば郷に従え」。家族が偉い指導者かどうかは関係なく、真剣に人民に奉仕するかどうかを基準に、誰かの役に立つ人材育成を目指しました。そして、日中の民間の「老百姓、民衆」の知恵を受け入れることを条件に、庄原三次牧場、香取牧畜研修生の協同組合、北海道日高牧場での研修を手配しました。

６カ月の任期が終わり、日本の牧場家族との別れには、魯迅の「藤野先生」の惜別を思わせる光景に心を打たれました。

このほかにも、内蒙古自治区政府の布赫首席の長男夫人の烏リナ医師、チムコ歯科医の日本医療研修も受け入れました。彼らは後にＡＭＤＡの河北省張家口地震救援の現地調査員として活躍し、日本から派遣された三宅和久医師ほかのマイナス30度の雪原の被災地での支援に、現地政府と中央政府民生局との交渉役を担いました。

青年友誼の碑

85年8月、日中の青年友誼の碑をフフホトの森の都に制作し、日本から３００名の代表団を派遣して除幕式が盛大に行なわれました。「日中両国の青年は共に手を携えてアジアと世界の平和に努力しよう」の碑を刻んだのは彫刻家の文浩師氏、題字は布赫首席、宇都宮徳馬参議院議員に書いてもらいました。笹山徳治日中青年交流協会理事長とバトル（英雄の意味）内蒙古青年連合会首席が1万人の参加者を前に挨拶し、夜には歓迎の夕べが2万人収容の体育館で開催されました。各地の青年団の幹部らが参加しており、遠くは極東ロシアの境、アルシャー盟、ゴビ砂漠の青年らが日本訪問団との出会いを喜びました。日本から派遣された西神戸吹奏楽団、福島のハーモニー協会、乗馬クラブ、わが協会の四川大学中国語留学生の大角百由子、四川運動技術学院武術研修生の客本謙一・三吉両名の姿もあります。

大草原とクブチ砂漠のオアシス、鳴き砂でのラクダの乗馬に、初めての団員たちも大いにはしゃぎ、山陽新聞の下谷博志記者、中国新聞の角川克己記者、ＲＣＣ中国放送の山崎優記者らも、取材を忘れて、映画「アラビアのロレンス」の英雄気取りで、「月の砂漠」などを歌いながらラクダに揺られていました。横浜、神戸の乗馬クラブの若き女騎手たちも、蒙古馬に乗って、地元の青き狼である騎手たちと、日頃の狭い練習場での練習の成果を活かして、草原を飛び跳ねていました。そして、私たちは包頭市へ向かう黄河の源流を渡り、復元されたジンギスカンの宮殿を視察しました。

それから、夜は遊牧民のパオ（ゲル）で、馬乳酒、馬乳茶に羊の肉のもてなし。満天の星空を眺めながら、短い草原の夏が秋へと移ろいゆく様を、モンゴルの青年たちとともに満喫しました。

モンゴル語のお酒を勧める歌「アルヒンドー」と踊り。50度の白酒に足がふらつき、団員の多くは、青き狼の末裔たちの歓迎の宴に満足しました。

中日青年友誼の碑完成記念　中国内蒙古大草原の旅
「日中青年大交流訪中団」（1985年8月）

岡本さん中国内蒙古大草原の旅「日中青年大交流訪中団」に参加

日中青年交流協会（横橋保孝会長）の青年たちが、1985年8月、中国内蒙古自治区の首都・呼和浩特（フフホト）市に地元の青年連合会と協力して、大理石の「日中青年友誼の碑」を建てる。碑の近くには共同で日中青年文化センターを建てる計画もあり、文化、学術など幅広い交流を図り、友好の輪を揺るぎないものにするのがねらい。

碑は高さ5メートル、内蒙古博物館前に建てるが、民族衣装姿の両国青年、子供が腕や肩を組み、青年が日中友好協会のハトマークを掲げており、台座に「将来に向けて日中青年の幅広い友好を誓おう」とのメッセージが日中両国語で刻まれる。8月の除幕式に300名が参加して1週間滞在する。遊牧民らの祭りで見学交流を更に深める予定で、8月の訪中団の参加者を募集している。

シルクロードと一口に言っても、様々な国を貫いて東から西へ、西から東へと延々と続く。すべてを訪ねる事には無理がある。細切れに旅をして、その全体がおぼろげながら把握できたような気がする。

地図でもわかるように、そのほとんどが高原と砂漠の連続である。輸送手段は、このような地形に強い、駱駝の背を利用することが一番である。現在は、砂漠の中を一直線にデザートハイウエイがのびているが。

太陽が出ると砂漠は灼熱となり、陽が落ちて夜になると真冬の気温となる。風は砂嵐となり、雨は激しいスコールとなる。砂漠や高地のこのような条件の中を、駱駝の背中に荷物を積んで気が遠くなるような長い距離の砂漠を駱駝とともに歩くのだ。目的地まで人や物を運ぶには、駱駝と操る人の命がかかっている。オアシスからオアシスへ、この間に水と食料が尽きたら、人も駱駝も終わりである。

駱駝使いは、羊の胃袋を水筒代わりにし、羊の干し肉を食料にしていた。それが尽きそうになったら、羊飼いの人の住んでいる大きなテントに立ち寄ったそうだ。国によってそのテントの形や大きさは違った。

どの国の誰が立ち寄っても快く迎え、飲み物と食べ物が出された。これは砂漠の民の国境を越えたしきたりかも知れない、と思った。

シリアを旅行中、デザートハイウエイが左右に分かれているところに来た。右へ折れたら戦乱のイラクへ通じるという。その近くに、大きなテントがあった。ベドウィン（遊牧民）のテントだというので2～3人で見学に行った。

突然訪問した私たちを、旅行者と分かりながら笑顔で迎え入れ、貴重な砂糖をたくさん使ったミントティーを勧めてくれたのには驚いた。

また、ヨルダンでは、ペトラ滞在中にベドウィンの家庭を訪れた。この人は前年まで遊牧の生活をしていたが、国の政策により定住することになったという。砂漠の気候や砂嵐にも耐える立体構造物だった。庭に果樹が5～6種類も植えられ、その木からもぎたてのオレンジを絞り、ジュースをご馳走してくださった。

シルクロードは高原と砂漠である。この地に生きるには、命がけである。「困ったときはお互いさま」そして「施しは最高の美徳」、国や宗教の違いはあっても、このことは今も変わらない。

これは、厳しい自然環境の中で生き続けてきた、先祖からの尊い贈り物であろう。そしてこの本質が、代々引き継がれたシルクロードの砂漠の民の、人間としての素晴らしさであろう。頭が下がる。

このことを「砂漠の民」だけにとどめず、見習うべきは見習って、国を超え人種を超えて広げたいものである。

突然パオを訪ねてきたオロチョン族の老婦人

その前年、国立民族学博物館の大塚和義助教授と四子王旗を訪れた時のこと、ノモンハン事件の日本人墓地を訪れた日の晩、少数民族のオロチョン族の老婦人が突然パオを訪ねてきました。話を聞くと、元の夫は関東軍の日本軍人であり、敗戦後の混乱で生き別れになったとのこと、私たちの話を聞きつけて、懐かしくなってやってきたそうです。元夫の双眼鏡や軍刀を持参し、日本語で説明しながら見せてくれたことを思い出します。

当時、広島大学助手だった現・国際日本文化研究センターの安田喜憲名誉教授（花粉分析の環境考古学の第一人者）も、驚きを隠せない表情で話を聞いていました。40年の歳月を経てもなお忘れることのできない男女の思いの深さ、国策としてオロチョンの人々を関東軍の諜報作戦に利用し、モンゴル族との齟齬、亀裂を生み出してきたことに、北京から同行した通訳兼アタッシュの李さんもショックを受けている様子でした。

人民解放軍の演習風景を撮影

帰りの道中で人民解放軍の戦車部隊が野外演習をしているのに出くわし、感激した同行カメラマンがシャッターを切ると、北京の李さんが機密漏えいになるからフィルムを没収すると息まきました。すると、内蒙古の外事弁公室のK氏が、「これらの演習はアメリカ、ソ連とも衛星写真でよく知っている内容です。気にしないで大いに写真をお撮りください。問題があるとすれば、こうした道路を案内したわれわれでしょう」「ハマグイ、ハマグイ！　気にしないで、問題ない！」とモンゴル語で答えます。ソ連との国境に200万ともいわれる解放軍を配置しながら、緊張状態からようやく開放政策へと転換した内モンゴル自治区の意気込みを感じました。

1945年8月、日本の敗戦に伴い内モンゴルでモンゴル人による民族自決の機運が高まり、内モンゴル人民共和国、東モンゴル自治政府、フルンボイル自治省政府が成立し、モンゴル人民共和国への編入をも要求する政治運動が発生しました。これに対して中国共産党はモンゴル人幹部であるウランフに工作を行ない、内モンゴル人民共和国を解体し内モンゴル自治運動連合会を組織、さらに東モンゴル自治政府及びフルンボイル自治省政府を吸収し、内モンゴルにおける共産党の地位を確立しました。そして1949年10月に中華人民共和国が成立すると内モンゴルの政権の存在意義はなくなり、同年12月に内モンゴル自治区に改組され、ウランフが自治区主席に就任し政府は消滅しました。モンゴルの歴史からすると、モンゴル草原の統一の願い、民族自立の道をめざしましたが、結局、ふたつの国家に分かれる運命をたどりました。古くは匈奴の大王に嫁ぐ王昭君の悲恋物語、日中戦争を経て中ソ論争の悲劇がありました。

中国蒙古青年連合会内蒙古歌舞団歓迎式
＝1984年11月

「5つのあ＝あわてず、あせらず、あなどらず、あきらめず、あてにせず」で粘り強く交渉を重ね実現した内蒙古歌舞団公演。

日中青年友誼の碑除幕式 1985年8月

日中青年友誼の碑

(上・下) 魯迅の孫・周令飛先生歓迎式
(上の写真後列右端が著者) ＝ 1981年
3月17日

過去の歴史を鏡にして、まずは日中両国の青年が先陣を切り、次世代の青年がお互いに争わない社会―平和な隣国同士、子々孫々の友好を願い、草の根で建立した日中青年友誼の碑でした。それを永遠に継承する相互理解の担い手、青年の指導者の交流を、内蒙古青年団の幹部たちと協議して、「友好は相手を知ることから」を合い言葉に、その後も６つの青年団の文化代表団を日本に受け入れました。

また、遠山茂樹横浜市立大学名誉教授の「愚公移山」の植樹精神に学び、ゴビ砂漠のアルシャー盟や内蒙古各地に、地元の青年団と協力して、砂漠化の防止と村おこし植樹をめざす「緑の平和部隊」を派遣しました。そして、自然エネルギーの促進をめざす内蒙古低炭素協会や政治協商会議との共催で、省エネシンポジウムを両国で開催しました（２００１年）。

劉炳森、大楽華雪書道二人展覧会

中国民族音楽団副団長の劉炳森氏（中国書道家協会常務理事、後に副主席）と備後の書道家の交流は、福山公演が取り持ちました。前述したように、小池薬品の小池敏仁社長が取り持った縁で、相原雨雪、大楽華雪、伊豆田雪岳各氏をはじめ、備後の書道界との交流が始まりました。当時の劉炳森氏は、鄧小平副主席が日中平和友好条約締結後日本から帰国して、新幹線のサービスを広東省で取り入れるなど改革開放政策に力を入れ、日中友好へ大きく舵を切る流れの中にあり、北京の鹿取日本大使夫人をはじめ、北京在留日本人書道愛好家に日曜書道教室を開いて指導されていました。

私も、書道展覧会の打ち合わせで北京工人体育館近くのご自宅へ行き、書道の指導から帰宅された劉炳森氏から、奥さんの山東省手料理などをご馳走になりながら、少年時代の田舎の苦労話などを伺い、庶民的な人柄を感じたものです。

日本での展覧会のための作品準備や、今後の日本書道界との交流などの話題で、ホテルへ帰るのが遅くなり、タクシーの営業時間である21時を過ぎることもたびたびありました。当時はタクシーの運転手が幹部より偉く思えるほどで、22時を過ぎると運転手との約束は反故にされました。そんな時、ロバの馬車で天安門広場近くの北京飯店へ帰り、警備の職員とひと悶着起こしたこともありました。「ここは君たちの馬車が来るところではない」と言うのです。私は中国語でこのホテルに宿泊している者だと話すと、ますます怪しまれます。幸い、30分ほどしてフロントの顔見知りの職員が帰宅するのに出会い、ようやく無罪放免で部屋へ戻れました。この職員は、劉先生が打ち合わせに私の部屋を訪ねて来るので案内してくれるように頼んだことがありましたが、最初は信じていない様子でした。ところが、日本人の若造の部屋へ著名な書道会の劉先生が故宮博物院の資料編さんを終えて、展覧会の作品を届けに見えたのでした。

普段着の老百姓「庶民派」の中国を代表する書道家による二人展は、福山天満屋を会場に、村上松夫日本ホイスト社長、竹下虎之助広島県知事、中国大使館、宇野雪村毎日書道会会長等、全国から参加いただき、得意の隷書に楷書、草書や、李白、松尾芭蕉など日本人に馴染みの漢詩も多く、大変な反響を呼びました。報道各社にも大きく取り上げられ、備後福山での日中文化交流の新しい取り組みが始まったのです。

ちょうどその頃、夢二郷土美術館があった西大寺美術館跡で范曽美術館の開幕式があり、来日予定だった范曽氏が中央美術学院の許可が下りずに間に合わなくなり、両備グループの松田社長の要請に応えて、代わりに友人である劉先生が范曽氏の代読を行なうことに急遽決まりました。中国の画家の個人美術館の開館に、当時の北京の美術界の空気は開放されておらず、范曽氏はその後、大工出身の李瑞環共青団中央委員会首席（後に天津市長）の助言で、周恩来総理の母校である天津の南開大学へ転勤し、翌年、国連大学視察の途中、岡山へ立ち寄られました。ひとりの画家を日本へ招請するために、岡崎嘉平太先生をはじめ、多くの関係者の尽力があったのです。

その後私は、劉先生と、大阪、東京、福島市、二本松市と日本各地の書道家を訪ねる旅に出、中国の文人たち、王維や李白、また松尾芭蕉の名句を思い出しながら、書道交流の通訳として、漢文の基礎学力不足に冷や汗をかきながらも、８日間の旅を終えて福山へ帰りました。すると、多くの劉先生の愛好家が首を長くして待っており、博田尾道市長、府中市の高尾泉石一門との交流など、想定外の交流にも時間を惜しまず対応されました。そして、多くの関係者に見送られて、大阪伊丹空港へ。見送りには全国から書道関係者が詰めかけ、記念の土産品のために、当時の飛行機料金の2倍の超過料金を払わされる予想外の出来事も起こりました。

敦煌への旅

1989年、かつての老友・辻田順一氏から、大阪への国際交流の旅の演出をめざす旅行社「㈱国際交流サービス」をつくるので応援をと連絡があり、協力を約束しました。そして、歴史を巡る旅の演出を柱に、関西の博物館などの愛好家を組織していた天王寺博物館友の会による、シルクロードの敦煌、楼蘭、酒泉を西安から西北航空の小型機をチャーターして訪ねるツアーに同行してくれとの要請がありました。飛行機会社のパイロットほかの職員も社員旅行で同行し、総勢70名の旅になりました。さすがに博物館友の会のメンバーはよく下調べをして歴史の勉強をされており、久しぶりに新鮮な学びの旅となりました。敦煌の、後にユネスコの世界遺産になる莫高窟の仏教遺跡、千仏堂など、特別拝観を認められて時間をかけて見学しました。

後に、平山郁夫東京芸術大学学長が研究所を立ち上げてユネスコ親善大使として日中共同学術研究の基礎を築かれました。そして、美知子夫人とたびたび現地を訪れて、名画の創作に励まれました。後に、薬師寺の安田和尚夫人と鎌倉の平山画伯の自宅を訪問して、当時の様子を同席した彫刻家の曹崇恩教授と伺うと、美知子夫人は砂漠の砂嵐にはしばしば創作を中断させられたとおっしゃっていました。

敦煌の宿舎へ戻り、大谷探検隊やヘディンの探検記録のコピーに目を通していると、現地旅行社の随行員から、京都から参加された勇猛な女社長と旅の仲間が自由行動中に、手配したランドクルーザーで転倒事故を起こしたとの報告を受けました。ここでの医療機関は不十分で、レントゲンの簡単な設備のある診療所しかないとのこと。急いで現場に駆けつけ医療センターの担当医に診てもらいましたが、臨時処置で痛みを抑え、中国医学の鍼灸で様子を見るが、翌日の飛行機で近くの解放軍の医療ステーションで診察してもらってはいかがかと言います。女社長も打撲で動けないため、それが最善の策と了解してもらい、その晩は２名の付き添いに看護をお願いしました。そして翌朝早く、軍の医療隊の手配で近くの野戦病院で診察を受けましたが、骨に異常はありませんでした。ただし、移動には注意をと、中国語の処方箋で薬を出してもらいました。部隊の隊長は「人民に奉仕するのは当たり前です」と、治療費も受け取らず、こちらは「ありがとう。感謝、感謝！」と中国語で応じました。医療チームは元の野戦キャンプへ走り去りました。おそらく２００㎞の悪路をここまで駆けつけてくれたようです。

幸い容体も回復に向かい、無事チャーター機で西安に帰還しました。再度、西安の人民病院でX線検査を受けましたが、「没問題、問題なし」。

これらの出来事から、シルクロードの出発地、陝西省の西安との交流が始まりました。中でも1996年、中国の春の雪害時に、四川省カンゼ・チベット族自治州、アバ・チベット族チャン族自治州へのAMDA・広島県共同の物資輸送に際しては、西北航空が広島飛行場から現地への輸送に大きく貢献してくれました。

魯迅生誕100年写真展

写真の技術をカンボジアで教えて難民キャンプの自立に役立てようと思い、神辺高校の金尾英明先生（僧侶）にお願いして、簡単な白黒写真の現像と焼き増しを教えてもらいました。そしてその後、カンボジア現地を訪ねて、写真の基礎技術を伝授した報告に神辺高校写真部を訪ねました。

「おう、生きとったか。よう来たなあ。ちょっと現像をてごうして。文化祭の準備をしとるから」と金尾先生の元気な声に出迎えられました。私は作業を手伝った後、「今度、魯迅の写真展をするので、協力してもらえませんか?」と尋ねました。1981年は魯迅の生誕100周年に当たります。

「まあ、お前さんに頼まれたら、皆断れんいうとるけい、わしも例外にはなれまあ」と即答いただき、伊吹尚先生の魯迅の写真のネガを３日間連続で焼き上げました。

こうして、魯迅生誕１００周年写真展を福山天満屋８階で開催しました。

また、東京の桜美林大学の石川忠久教授（漢文）の教室に留学中の魯迅の孫・周令飛氏を福山の若葉塾へお招きすることになり、広島大学付属福山高校の白沢龍郎先生の手配で、講演会が高校で開催されることになりました。

私は魯迅先生の孫たちと縁があり、周令飛氏の妹さんとは仙台の東北大学の魯迅像除幕式でお会いし、弟さんとは広東の許広平夫人の故郷でお会いしたことがあります。

講演会で、児島亨氏は胸に万感の思いが込み上げている様子で、魯迅研究会の矢田章人・みどり夫妻、中国新聞の角川克己記者、毎日新聞の記者夫婦も興奮気味でした。百年前の中国に思いを馳せ、魯迅文学の精神を、時代を超えて今に何を語るのか、各人が思いを語り、二次会も備後福山の文学談義を交えつつ魯迅の作品に花を咲かせました。

写真展の会場にも多くの魯迅文学の愛好家が訪れ、周令飛氏も満足げでした。

金尾英明和尚にお礼とご報告にうかがうと、うまく定着液がはたらいてくれたと照れ笑いをされていました。広大付属福山高校の白沢龍郎先生は、その後、魯迅ゆかりの北京師範大学の日本語指導に旅立たれました。

竹下虎之助知事の誕生と四川省との友好関係

1981年に竹下虎之助氏が広島県知事に就任すると、知事の肝いりで広島県日中親善協会をつくり、商工界を中心に組織化に動き出し、県庁の国際交流室、商工、労働、農林部門の専門チームで本格的な作業部会を立ち上げました。

また、知事の弟である竹下豹農政部長を推進役に、県議会に日中友好議員連盟をつくり、農業研修生の受け入れを始めました。こうして、前知事の時代とは大きく様変わりしました。

これには、蔣介石国民党総裁と親密な関係にあり、日台親善の中心的な政治家であった広島県出身の灘尾弘吉氏が1983年に政界を引退したこととも大きな関係がありました。これにより、広島大学の中国研究者たちも、文部省への気配りがいらなくなりました。

竹下虎之助氏が副知事の時代、中日友好協会代表団の黄世民副会長一行が大平正芳総理の故郷である香川県の大平記念館を訪問した際に、隣県の白石春樹愛媛県知事と懇談し、鄧小平氏の故郷・四川省との友好省県を提案したことがあります。当時、内陸の四川省はまだ日本との友好提携がなく、中日関係の前進のために鄧小平最高指導者の故郷である四川省の相手探しに全力を尽くしていたのです。しかしこの件は、残念ながら愛媛県議会の理解を得られず頓挫してしまいました。

その代表団が広島を訪れた際、日本生命ビルの中華料理店・八仙閣の歓迎会で竹下副知事が四川省を紹介されたことから、宮澤知事のもと、竹下豹農政部長が県議会の徳永光昭（自民党）、吉野まさくに（社会党）の四川視察先遣団を派遣したのでした。その結果、庄原農業者大学、因島みかん農家技術研修生の受け入れにつながりました。

行政側のこうした変化に対して、民間組織である広島県日中友好協会は大きく後れをとりました。中国の改革開放政策に振り回されない日本独自の立場に立った新思考が問われました。私たちは、若い青年たちを中心に、県協会の再建に動き出し、広島県の四川省との友好省県締結の動きに応えようとしました。

手始めに、青年団ＯＢの県議会議員、県内各地の団体、個人にはたらきかけました。中国農村の土地改革の研究家・今堀誠二広島女子大学学長を訪ね、広島原水禁、県労働組合副議長の宮崎安男氏に協力をお願いし、吉田敬一広島大学文学部教授（中国文学）を紹介されました。そのほか、秋津町の青年団ＯＢ大山広司県議会顧問（自民党幹事長）から新田篤実自民党県連総務会長を推挙され、公明党の塩入代議士、山科美里広島市議（広島牡蠣組合理事長）など、第一次日中漁業交渉団参加者、「湖北省宣昌との交流を推進10万人署名を集める会」、「広島の藤部隊」世話人など、県内の中国に関係する人々を、時間を惜しまず訪ね歩きました。

パンダ救援展覧会

その頃、四川省からパンダ救援展覧会の話が持ち上がり、石川一郎、白井恭子先生の尽力もあり、それをひとつの契機として目に見える協会へと組織の活性化を図ることになりました。そして、パンダの標本のほか、専門家など中国国内の派遣準備も急速に進みました。趙紫陽総理のもと、四川省財政部長を経験した田紀雲副総理の直接指導・承認により、林業部や関係機関の官僚たちの承認を得るのに時間をとらず、四川省から黄功元氏が、北京の日本大使館で入国査証を得るために、四川省人民政府北京事務所へ出向きました。

しかし、日本大使館への書類提出のやり取りに1週間も要し、日本の展覧会開催が危ぶまれたため、広島少年合唱隊の四川公演や重慶人民政府賓館の公演で知り合った中江要介全権大使にお願いをしました。中江大使は青年団の公演に来られていたのですが、悪天候のために重慶で1週間も足止めされ、104名の平和の音楽会に参加していたのです。そして、井上一清エリザベス音楽大学学長、森田利美団長と懇談し、私が青年団の関係者と交流していることを重慶市の魏外事弁所長から聞かされたのでした。そんな経緯から、中江大使は、「今後、困ったことがあれば、遠慮なく大使館まで連絡してください」と、同行のS大使館員を紹介してくれました。

日本での準備もかつてないほど大規模なものになり、広島県日中友好協会の創設者・玖村芳男会長の長男で広島交易の土田社長と天満屋広島店で協議し、パンダ救援展と中国物産展をリンクして取り組むことで経済的な効果を生み出せれば、協会の活動にも有益だということになり、あちこちお願いに足を運びました。

また、入国の書類を国際電報で送るために、朝から広島市のＫＤＤへ行ったこともありました。当時、郵便では2週間かかったため、写真電報で10分ほどで上海に送り、そこから飛行機便で四川省の成都へ届けてもらうのです。そんな裏方の調整役も買って出ました。

そうこうしているうちに、8月のお盆前に、広島県庁の長沼収入役から電話があり、「パンダの代表団を広島県は受け入れていない！　県は財政的にも協力できない」と早口でまくしたてられました。長沼氏とは面識もなく、何のことか意味が分かりませんでしたが、よく話を聞くと、四川省人民政府の楊析宋省長から県へ宛てた手紙に、パンダ代表団の名簿等が同封されており、それが広島県と四川省人民政府との交流項目にない内容だったため、責任者の私に連絡してきたことが判明しました。

成都での会談では、私ども協会は民間の団体であるので、広島県とは独立した組織であると念を押し、文書などを間違えて送らないように再三確認したことを思い出しました。当時、四川省では政府と民間の団体業務が分離したばかりだったのです。私は電話口で、「ご心配には及びません。6人ほどが1年宿泊しても問題ない食糧を生産しております。築２００年の百姓家もありますから」と落ち着いて答えました。

当時、四川省では楊省長が政府代表団、四川テレビ代表団、経済代表団四川省青年連合会派遣のパンダ救援団を日本へ派遣することを決めており、前2者を広島県が受け入れ、残りひとつを日中青年交流協会の笹山理事長が保証人で招請したのでした。

1984年9月、福山市青年連盟の桑山誠、楠間康夫とともに、夜中に大阪伊丹空港へ3トン半の貨物車で出迎えに行きました。そして、午後1時半に、楊省長、張恵明人民対外協会会長、熊秘書長の政府代表団が無事到着。パンダ代表団も到着しているとの報告を聞き、一安心しました。

ところが、1時間ほど待っても、代表団は一向に現れません。すると、空港の案内放送で、「広島の笹山徳治さん、広島の笹山さん。至急税関事務所にお越しください！」とアナウンスがありました。何事かと急いで駆けつけると、職員は開口一番「あんたかね、パンダの輸入責任者は？　ワシントン条約をご存じでしょう？」と言います。軍縮条約と何の関係があるのかと合点がいかずにいると、ひとりの年配の職員がワシントン条約について説明してくれました。このままでは書類が不備で、パンダの剥製は日本に入れられないとのことです。

飛行機の荷物置き場に疲れ果てて座っている黄瑛団長、四川省青年連合会副主席、李徳美四川テレビ記者らの姿を見つけ、一安心したものの、どうすればいいものか途方に暮れてしまいました。

思案の末、宮沢喜一後援会副会長の村上松夫日本ホイスト社長にお願いすることにしました。その結果、空港の税関事務所に連絡が入り、広島の保税倉庫での検査と2日以内に小此木通産大臣に緊急輸入書類を作成して提出することで、非商品、展覧会見本扱いとして処理する内諾を得ました。

それから、広島の保税倉庫の件で土田広島交易社長に手配をお願いし、東京へ書類受け取りに出向きました。四川側の黄さんも同行し、パンダのビデオを持ってソニー映像研究所へ行きました。日本のテレビで放送するには中国のPAL方式を日本のNTSC方式に変換しないとならないということでした。

友好省県締結式

広島の村上松夫社長のもとへ服部秘書官から、東京の通産省の緊急輸入許可書を受け取りに来るようにとの連絡が入ったため、私は黄功元さんをソニー映像研究所で降ろして、霞ヶ関へ急ぎました。ちょうど通産省ではバナナをはじめ輸入農産物の商社割り当て審査で混雑していました。午後2時に受付へ行き待っていると、A社の書類が不備だということで、「こんな書類で許可が出ると思うのか！」と怒声が飛んで書類が投げ返されました。突然のことに驚いていると、ひとりの職員が「広島の笹山さんですか？　遠路ご苦労様です。大変でしたね。書類はこれです」と、丁寧な応対で書類を渡してくれました。先ほどの商社への対応との違いを思い知らされました。やはり、何事も人間関係の根回しがいちばん、科挙の試験に受かったような上級公務員とエリート商社マンの確執に、魯迅先生の「こうべを垂れて甘んじて孺子の牛とならん」の名句を思い出しました。東洋的な交渉術の必要性を深く肝に命じて、広島の保税倉庫へ帰りました。

一方、広島県と四川省人民政府の間の友好省県は、いくつかの課題を解決していよいよ締結式を迎えることになりました。ところが、その前日になって、パンダ代表団の名前が記念式典の参加者名簿にないことが判明しました。楊省長の、「私が派遣した四川省青年連合会パンダ救援展覧団、四川テレビ局は招待されていないのですか？　何かの手違いですか？」との問いかけに、知事部局の慌てぶりは大変なものでした。随行の横橋保孝会長も、非常識極まりない対応だと憤慨し、知事部局の職員へ善処を要請して、ようやく参加となりました。

広島八丁堀天満屋でのパンダ展覧会も盛大に開幕式を執り行ないました。田中稔副知事のテープカット、来賓多数の参加に、上野喜一郎、田中伯朗氏などの古くからの協会関係者も大いに喜びました。また、各種メディアの報道により、連日会場も盛況で、天満屋関係者も喜び、日中友好に理解を深め、福山天満屋での開催へとつながりました。県民参加の四川省と広島県の国際交流の出会いと友情をかもし出す草の根交流の初陣でした。

楊省長の答礼の宴会が八仙閣で催され、県の担当者から私も招待されているとの連絡がきたので、喜んで出席すると伝えました。２カ月前の高飛車な電話との落差に、公僕の風見鶏の姿を改めて思わざるをえませんでした。

私たちの目標は、形式にとらわれずに、誰でも、気軽に参加できる、草の根民主主義で運営される団体で、上司の鶴の一声に左右されないやり方を模索する困難をおそれず「蜀の桟道」を切り開くことです。

広島少年合唱隊、四川省成都・重慶友好訪問演奏の旅

1986年、広島少年合唱隊104名が四川省成都と重慶へ友好演奏訪問の旅へと発ちました。私は、団員の皆が、森田利美、林先生、OBをはじめ指導者の先生方の指導の下、半年間も準備練習に励む姿をこの目で確認し、日中青年交流協会の第1次四川省派遣留学生として留学中の大角由理子女子を窓口にして、成都市人民南路にある錦江飯店2階の四川省人民対外友好協会へ出向いて、日本との連絡を密にしました。

今回の訪問の目的のひとつは、今後、西南地方の重点大学へ日本の留学生を派遣するうえで、受け入れ態勢の改善を具体的に図ることでした。四川運動技術学院への2名の武術留学の経験から、日本の若者を派遣する際、実際に104名の少年たちの食事、宿舎などの受け入れ態勢を現場で確認してもらうことは、大きな意味があることでした。張恵明人民対外協会会長はじめ、政府機関の職員も四川大学出身者が多いのも好条件でした。

そうしたことから、若葉塾では三良坂青年団の石原学を担当に決め、週5日の専従態勢で臨み、事務作業の効率化と青年団の国際交流の幹部養成を図りました。

そうした中、安芸の宮島の対岸、大野町文化協会の代表団30名が訪中しました。中丸団長（幼稚園理事長）、杉山義之秘書長（大野町役場課長）はじめ、はがくれ工業の中島義明社長の尽力などにより、商工会、体育協会、宮島しゃもじ会社、宮島ボート協会など、多彩な人材を、香港、広州、成都へ送り出し、今後の派遣事業を推進するうえで、基礎準備作業を経験しました。

合唱隊派遣準備過程で、石原学君は、四川側の態勢を細かく調整すると同時に、小中学生の健康と安全を確保するなど、目に見えない配慮をするために、点検と指示を抜かりなく行ないました。成都では、平壌少年芸術団の70名を受け入れたのが最大人数とのことでした。経費や宿泊施設に関しては、成都は確認できていましたが、重慶での公演は、四川省人民対外友好協会の熊大姐秘書長（楽山市出身）の力量にかかっていました。

重慶は歴史的に独立志向が強く、四川省の省都・成都へは向かず、北京や海外へ向いています。蒋介石国民政府の首都があったのが重慶であり、国民党、共産党との統一戦線を経て1945年の日本の敗戦まで、外国の大使館は南京、上海、武漢から重慶へと移りました。こうしたことから、日中国交回復後、日本の総領事館は成都ではなく重慶に置かれました。これには唐家璇中日友好協会会長と、日本通の重慶市外事弁の魏峰先生の尽力もありましたが、アメリカが総領事館を成都に開設したことは、シルクロード西南地方の雲南、青海、貴州、チベット自治区の要所を理解していることを示しています。今日でも、アメリカの大学や宇宙開発など先端技術の交流は目覚ましいものがあります。

パンダ救援の歌「熊猫一味味」を曲目に加える

ある日、三良坂で石原学君を車に乗せて、広島少年合唱隊の練習風景を視察に行きました。そして、井上一清エリザベス音楽大学学長、森田団長ほかの指導者、団員、団員の家族と意見交換をし、公演の曲目を決めました。その際、私からの提案で、中国語の子どもの曲目として、パンダ救援の歌「熊猫一味味」を加えました。

中国の国内便の数も少ない時代です。日本からの大勢の参加に、飛行機の確保も大変でした。その成都公演も無事終えて、重慶へは鉄道で夜間に移動しました。重慶では、前述した在中国日本大使館の中江要介全権大使との出会いもありました。重慶は日本軍の無差別攻撃で多くの市民が死傷し、平和への思いが強い都市のひとつです。地元少年たちの音楽団との「熊猫一味味」のコラボは、会場の3000名の市民たちに大きな感銘を与えました。

少年合唱隊の公演に先立って、重慶市青年連合会の幹部200名が参加した「日中友好の講演会」でのことです。中江要介大使が「日中友好の輪を子々孫々へ」と呼びかけると、青年団のひとりがこう問いかけました。「こんな長江の源流まで、日本の青年たちが友好を求めて本当に訪問しますか？」数日後、104名の歌声が、この問いへの答えとなりました。中江大使もぜひ参加したいと魏外事弁所長に要望され、参加いただくことになったのでした。広島の平和の願いが重慶の空にこだまして、広島と四川省の平和を実現する友誼の一ページを切り開きました。

これを機に、広島の安佐動物園のキリンと重慶動物園のレッサーパンダの交換へとつながりました。

また、後日、中国放送と四川テレビ局の友好提携の橋渡しにも寄与しました。これは、中国放送RCC取材班が上海での取材許可を取ろうとした時のことです。中国放送側は、荒木広島市長の、重慶市長へお願いしてあるので問題ありませんとの言葉を鵜呑みにし、北京の中央電視台の取材許可をもらうようにとの私の老婆心からの助言を理解できずに上海に入り、撮影ができなくなってしまったのでした。そこで私から、四川テレビ局に代行取材をお願いして、許可が下りるまで長江遊覧船で南京—武漢を同行する提案をして了解してもらいました。そして、四川テレビ局と青年団中央の懸命の尽力で、無事に南京長江大橋を取材することが可能になったのでした。

広島県武術協会と四川武術代表団の受け入れ

四川省は中国の西南地区の文化・芸術の都として、三国志に登場する人物は数えきれません。英雄や豪傑を生み出すあの三国志の戦い―四川武術は有名です。少林寺拳法と並び、峨眉山武術は中国武術の故郷として知られています。

私たちは、広島県と四川省の青少年の健康と人材育成に、いち早く武術を取り入れ、人材の派遣、指導者の招請に取り組んできました。大阪日中友好協会、大阪太極拳協会の指導者養成講座に、福山太極拳研究会の石川一郎、客本謙一、川崎の3名を送ったり、上海太極拳周老師を福山へ招き手ほどきを受けるなどしました。そして、より技術の向上をめざして、四川運動技術学院に2名を留学させ、全国のチャンピオン選手と同じ宿舎で研修させたりもしました。

そうして1985年の秋に、四川省青年連合会派遣の四川武術代表団を初めて広島県へ受け入れて、1万人の観衆が中国武術に魅了されました。2名の研修生も、太極拳、長剣などの演目を前座で演じ、学習の成果を披露しました。

その後、各地から太極拳教室を開設したいという問い合わせが若葉塾に寄せられるようになりました。そこで、急遽指導者の養成に応えるために、西南地区の少数民族幹部育成のための西南民族学院から余宇力老師を招き、府中、福山の備後地区を中心に、愛好者の掘り起こしをすることになり、横尾の若葉塾内に新たに道場を設立しました。そして、広島県武術協会の松山五郎会長、東家漢祐院院長を事務局長として、道場の運営に当たってもらいました。

それにより、若葉塾の日常業務は、小畠守男氏の要請とご配慮により、福山城近くの木の庄町にある福山藩元藩士の3階建て屋敷へと移転することになり、新たに国際交流会館として宿泊が可能になりました。これで、代表団の受け入れに便利になり、駅からも近く、おかしなことに国際電話料金も半額になりました。

余談になりますが、当時、民営化したばかりのＮＴＴの国際電話料金と郵便局の国際便の料金が、同じ市内でも場所によって扱いが異なり、担当窓口とたびたび揉めることになりました。とりわけ、夜間の勤務者が24時間対応の手配をしてくれず、若い塾生が悔しがって事務所に戻り、翌日、中央の責任部署へ確認の電話を入れたこともありました。次の日に担当者と上司が弁明に来られましたが、こちらとしては外国への書類送付の時間ロスは取り戻せないので相手にせず、業務内容の全職員への徹底を要望してお帰りいただきました。国際電話、国際郵便が地方都市で日常的になる前の、今では笑い話に属する話です。

■四川省の武術について

中国の西南にあり、広大な土地と多くの人口を持ち「天府の国」と呼ばれる四川省は、武術がとても盛んで、このため「峨眉武術」とも言われています。四川武術は長い歴史を持ち、いくつかの流派に分けられ、高と矮、剛と柔の分離、内功・外功により身体を鍛えながら同時に敵を予防する特長を持っています。四川武術運動は民衆と深い関係を持っているのです。

全省では20の市・地・州および2－3の県があります。武術運動が公園・体育館・工場・事務所・学校、町と農村で広範囲に普及しています。

成都・重慶・自貢・渡口では、不完全な統計ながら、毎日武術訓練している人は十万余りいます。重慶業余武術センターステーションが1980年8月に成立し、82年11月まで15期の武術訓練クラスを行ない、1万8300人が参加しました。

武術運動の技術水準を高めるために、1974年から、省・市・県が年に1回の武術プレーを続けてきました。省武術協会は不定期に各種形式の武術リーダー養成クラスを行ないます。

「四川武術拳記録」「三十六閉手－四川南拳」「呉式簡化太極拳」「気功流源攙瑣談」「彭氏動静功」「鶴翔庄功鍛錬要領」「太極剣」および「酔拳」「酔剣」などを出版しました。約百編、四十万字に及びます。

一般的武術普及活動について技術理論の研究を深め、四川省の武術運動技術水準は高まってきました。全国の演技では金メダル13、銀メダル13、銅メダル23を獲得しました。任剛、李殿方、熊長貴、曹科潤、呂力、王向紅、彭英など優秀な選手たちが、日本・イギリス・フランス・シンガポール・西ドイツ・メキシコ等の国を訪問し、各国の人々との交流・友誼を促進するために頑張ってきました。1979年から、国家は毎年、全国武術交流大会を行っていますが、四川省は毎回いずれも4、5名の選手が一等賞を獲得しています。

省の運動技術学校と成都スポーツ学校の先生、学生および武術家30人などが撮影に呼ばれて、「自古英雄出少年」「南拳」「中華武術」「峨眉巴盗」「拳師恩仇記」「剣女恩仇」「巴陵女侠」等の映画とテレビドラマを撮影し、武術の宣伝のため貢献しました。

四川音楽院学生の受け入れ

80年代に中華全国青年連合会が初めて、中国の音楽家を養成する北京音楽学院の学生を日本に派遣し、福山で公演を行ないました。その評判が四川省にも伝わり、四川音楽学院の学院長、対外友好協会熊秘書長、連銘副秘書長らの要望もあり、西南地方の音楽家育成の最高学府・四川音楽学院から広島県への受け入れが決まりました。

そうして、青少年の相互理解と地域の国際化の推進、広島県内86市町村の青年団組織との交流促進等、四川省と広島県の民間交流を図りました。夏休みを利用してのホームステイや演奏旅行を通して、若者の村おこしにも貢献しました。

四川ママさんバレーボール団

１９６４年の東京オリンピックでの東洋の魔女で知られる日本の女子バレーボールの名監督・大松博文氏を、周恩来総理が特別コーチに招請して中国の女子バレーボールの育成に尽力された話は、今や知る人も少ないのですが、四川省との交流のひとつに婦人交流としていいアイデアがないかと考えていた矢先、四川省総工会「労働組合」応保利主席と会見する機会があり、職場、家庭の主婦を中心としたバレーボールの交流を提案すると、60年代後半から大松監督のもとで全国の女子バレーの養成に参加したＯＢがいることが判明し、日本の女子バレーのチームとのスポーツ交流試合に取り組むことで合意しました。

さっそく大野町体育協会、三次市のママさんバレーの関係者などと相談すると、大いにやる気を感じました。そこで、県内のバレーボール愛好家の賛同を得て準備を始めました。今回中国側は働く人の団体＝総工会の勤労婦人で組織することになりました。そして、肩肘の張らない出会いの場になることをめざし、帰国後の活動を省内に報道してもらうために、四川テレビの取材カメラマンにも同行してもらい、日本語の通訳に民間交流の研修も兼ねてもらいました。

青葉城恋唄10周年記念コンサート

熱烈な中国のリスナーの要望もあり、１９７８年に発売されヒットした青葉城恋唄の「10周年記念コンサート」を、孫文の故郷中山市で開催しました。四川テレビ局の「郭沫若の日本留学の記」のテレビ取材が縁となって出会った東日本放送の橋浦さんから、「さとう宗幸さんのコンサートを中国で」との提案を受け、東京の中華新橋飯店で橋浦さん、さとう宗幸さんと会い、具体的に動き始めた企画でした。

当時、さとうさんは事務所を東京から仙台に移そうとしている最中であり、故郷仙台を拠点に活動を再構築していくひとつの機会になればと、前向きにとらえてもらいました。しかし、音響、照明、バンド総勢10名とテレビ取材陣の経費がかかります。橋浦さんの人脈でなんとかサントリーを番組制作スポンサーにすることに成功しました。

一方、私は四川省と広東省への営業に取り組みました。四川省は、まず張恵明人民対外協会会長の同意を取り付けました。また、広東省は陳雲計画経済担当の秘書・朱招天氏から歓迎の意を受けました。

そして、水面下で開催地の選定を始め、３万人収容可能な広州の天河体育館の2回、孫文の故郷・中山市で述べ2万人の観客を集めました。また、蓮見在日本国広州総領事も会場に激励に駆けつけ、大いに盛り上がりました。

このコンサートにはミュージシャンの佐久間順平氏も参加してくれました。そして、コンサートの模様は、橋浦氏の尽力により、朝日放送で2回にわたり全国放送されました。

また、四川のコンサートで友情出演してくれた四川音楽学院の王さんたちが日本公演した折には、福山まで駆けつけてくれました。国を超えた本格的な音楽興行は、中国の若手音楽家や芸術家のやる気を大いに触発し、80年代の改革開放の機運に乗って、日本と中国の音楽交流が進みました。

1988年中国・音楽の旅と笹山さん

佐久間　順平

1988年6月に日中友好協会の招きで「さとう宗幸中国公演」にミュージシャンとして参加した。香港～広州～四川省～広州という10日間ほどのコンサートの旅……その橋渡し役をされたのが広島県福山出身の「笹山徳治」さん。私にとりまして中国内陸は初めて、ましてや日本語のほとんど通じない中国の方々の前でのコンサート⁉　期待と不安を胸に飛び立ちました。

初めての本土なので、その広さや規模の違い、お金の価値の違い、人の多さと逞しさ、冷やさないビール、中華料理の多様さ、市場には沢山の野菜と魚、そして豚肉鶏肉そしてナント猫の肉まで⁉……と驚きの連続でした。

……がもうひとつの謎？　コーディネートをされていた笹山さん……この様な不思議な方と生まれて此の方出会ったことが無かったので、どの様な人なのか理解も表現もすることが出来ない。最初の印象は「中国の服を着た日本人」「山師？　詐欺師？」（あっ、失礼！）それでもユーモアを交えながら柔和な姿勢で次々と仕事をされている姿は「名うての外交官」？　その笹山さんに連れられて巡るコンサート・ツアー！

どこの街でも大変な歓迎を受け（日本人の歌手のコンサートは珍しかったのでしょう）また宗さん（さとう宗幸さん）が中国の人なら誰でも歌える中国の歌を原語で歌ったこともあり、とても熱烈な拍手と歓声に包まれ夢のようなそして忘れ難い旅となりました。

その時には旅の楽しさとコンサートの興奮で思い至らなかったのですが、このような歌の交流・音楽の交流をすることで隣りの国の人にまず興味を持ち、お互いに理解しようと歩み寄りそして友好を育む！　と云う、一番基本になることに参加させて頂いたのだなと約30年経った今になって思うのです。

中国の人々はどんな環境で、どんな思いで、どんな風に日々暮らしているのか？……初めて聞く日本人の歌手、音楽がどのように届くのか？……そんな懸念を「歌と音楽」は軽々と飛び超え中国の方々に届いたようでした。

日々歌を歌い音楽を奏でることで「人に思いを届け、それが自分に返って来る！」というとてもシンプルなことが実は一番幸せな一番大事な事との思いを深くしているので、中国の方々と少しでも「共感」出来たことが何より嬉しく幸せなことでした。

そして30年ぶりで「順平ちゃん、元気？」と明朗で快活な電話を頂き、大事なことを再認識させてくれた笹山さん、ありがとうございました！

国立ウィーン音楽大学合唱団カンマー・コール

国立ウィーン音楽大学合唱団は１９８２年、合唱団の指揮者ヘルヴィク・ライター教授によって創設されました。団員は同大学の学生で構成。彼らは将来、高等教育の音楽教師、器楽教育の教師、音楽療法士、合唱団指揮者、あるいはソロシンガーとして活躍する予定です。

主な演奏活動の経験は、オーストリア国内を始め、クレムズでの国際合唱団アカデミーのコンサート出演、イタリア国内の演奏旅行等があります。またその3年前、先輩のメンバーが今回と同一の企画で来日し、日本各地で友好的な演奏交流活動を展開しました。今回は2度目の来日になります。

指揮者のヘルヴィク・ライター教授は、父と兄が作曲家として知られる音楽一家の出身です。国立ウィーン音楽大学を卒業後、武蔵野音楽大学で活躍するなど声楽家として知られるフェルディナンド・グロースマン氏に師事。長年、ウィーン少年合唱団の指揮者を務めました。音楽教育の教科書の著者として活躍するほか、国立ウィーン音楽大学指揮学科の教授として後輩の育成に努めています。オーストリアにおける現代音楽教育改革の先駆者です。

合唱団の構成は男女各14名の合計28名（通訳女性1名）です。

コンサートは1987年2月24日、福山市民会館大ホールで行なわれました。

タイ青年文化代表団の招請

日本とタイの修好百年を記念して、the coiieg of dramatic artsからタイの伝統的な舞踊と音楽の代表を招請して、広く日本の各界の人々にタイの文化を紹介し、相互理解と友情を深め、両国の友好親善に貢献することを目的に招請しました。とりわけ、この交流を通じて、両国の青年間の相互交流を推進して、地域での国際交流を推進することをめざしました。

さとう宗幸コンサート

さとう宗幸中国ツアー
＝1988年

中国ツアーでのひとこま＝1988年

佐久間順平さん

熱烈な中国リスナーの要望により、さとう宗幸さんのコンサートを中国で企画。

雲南学校支援絵画展＝1988年1月

雲南学校支援絵画展でナシ族長老＝1988年1月

代表団は国立タイ舞踊音楽大学の学生と教師で構成されます。この大学はタイの専門大学で、１９３４年に国立舞踊・音楽学校として創設され、１９７２年に現在の名称になりました。大学では政府の伝統的な文化・芸術を保護する政策のもとで、音楽やドラマを教授しています。また、タイの伝統とヨーロッパ音楽や演劇等の交流等を通して、国内外で活躍する優秀な音楽家・芸術家の養成を図っています。

招請人数30名を１９８７年４月、広島県青年連合会・［広島日本タイ友好協会］各地の青年団体他が招きました。事務局は県青年連合会に置き、全体の受け入れ準備作業に取り組みました。

その間、広島市・福山市等で公演しました。公演を通して財政的な交流基金をつくりました。

これに関連して、タイの大学に日本語の図書を送りました。例えば、チェンマイ大学等で日本語を学習する学生のために図書館等へ寄贈しました。

また、タイを紹介した機関誌を発行、日本・タイ修好１００年記念誌等を出版しました。これらの活動を通して、広島日本・タイ友好協会の活動への理解を深めました。

社会教育者、小畠守男・艶子夫妻

若葉塾での「戦争体験を語る会」で証言された小畠守男国際交流会館館長の証言を思い出します。第二次世界大戦の戦後処理により国連管理の名目で戦勝国オーストラリアの信託統治領となったパプアニューギニアが独立して8年経った1983年のことでした。ラバウルと聞いて南の島を思い出す世代も、すでに多くが黄泉の国へと旅立っていました。

小畠さんは中国方面から本土防衛の最前線として、ミッドウェー海戦でアメリカ軍の物量と制空権のもとに置かれた太平洋で、当時の海軍の秘密命令により、基地建設の物資と人員輸送に携わられました。小畠さんは中国の広東から香港への軍需品の輸送と、珠江流域デルタの警護任務から、急遽広島へ帰還して、新たな任務を帯びて極秘作戦遂行のため、民間の輸送船を装いアメリカの空爆を避けながら、南太平洋の島へ人員と軍需品を輸送したのでした。しかし、そんな中、無事に目的地に到着できる確率は3割にも満たず、多くが海の藻屑と消えたといいます。中国地方の刑務所の受刑者を南方戦線で飛行場建設に動員する任務でしたが、船長以外の乗員は行き先さえ知らされていませんでした。

小畠さんはある受刑者から家族への手紙を託され、帰還した後、山口の実家へ届けたといいます。家族にどこにいるかと問われたものの、答えることなく、預かった手紙のみを渡したそうです。備後の軍人で、ラバウル作戦に参加して犠牲になられた人も多かったのです。

日本青年団協議会本部の社会部国際担当・仏木氏（京都大学出身）が、三重県ベトナム友好の船の手配をしたことが契機となり、団長の西井勇氏が日本青年団の事務局員になりました。その西井氏の国際感覚のおかげで、日本青年団は多くの海外青年を受け入れることになりました。パプアニューギニアからの戦後初の政府代表団を広島へ受け入れることになったのも、そんな経緯からでした。

滞在費は本部で負担するのでよろしくとの連絡を、当時、福山市工業高校定時制教師であった三国一郎先生から受け継いだ私は、すぐに本部の山本事務局長に了解の返事をしました。そして、福山市を中心に、広島市の平和公園、原爆資料館の見学、県議会議長の表敬訪問を手配しました。

初めての来日に、オパ青年党代表も、東京でのJICAの研修メニューにない、田舎の生真面目な歓迎を受けて大いに感動した様子でした。福山市のグランドホテルでの歓迎会には、藤原平新市町長、江草順企画課長、栗原産業課長も参加し、英語で対面しました。藤原町長は、かつての日本軍による加害責任を反省し、ともに平和の時代を切り拓いていこうと呼びかけ、小畠守男国際交流会館館長の音頭で乾杯。代表団30名の部族代表が、パプアニューギニア800部族を代表して部族の踊りを披露しました。

部族の和平の難しさ

歓迎会の最後に、副団長が挨拶をしました。

「本日の出会いを大切にして、日本の備後福山・広島の平和構築に学びながら、帰国後、各自がそれぞれの部族、故郷の島々で、国の産業育成に努めます。皆さんもぜひ、首都ポートモレスビーを訪ねてください。歓迎します。本日の踊りは同席した仲間の踊りを差し置いて、その一部を紹介しました。他の８００部族にも多くの優れた伝統があります。」

気配りのきいた挨拶に、代表団も拍手をしました。

無事に行事を終えて会館で休んでいると、夜、突然けたたましく電話が鳴り、桑山誠君が出ると、女性が英語で「Help me! Same one kill me! 助けて、殺される！」と叫んでいます。ロンドン留学から帰国した三好市の地熱発電会社の須澤さんが替わると、団員が何者かに部屋を襲撃されるという緊急のＳＯＳであることが分かりました。

すぐに迫田まこ、山本由美がホテルに駆けつけ、グランドホテルのフロントへ緊急事態を告げ、部屋へ誰も近づけないように指示をしました。そして、須澤さんの英語と山本由美（現桑山誠夫人）の心のケアで無事難を脱し、安全のために会館の宿舎へ避難し宿泊してもらいました。日頃の若葉塾の駆け込み寺の訓練が危機を救いました。

独立し、国連の監視下の新政権の枠組みも、砂上の楼閣のように崩れる危険性を体験しました。民族間、部族間の対立をいかに平和裏に解決するのか、まず危険状況からの避難、その後、冷静に判断し、最悪の状況を予測して準備する。当時の若葉塾は、さまざまな会社、宗教、政治からの避難者、家族のいじめなどからのシェルターの役割を、好むと好まざるとに関わらず、担うことになりました。「来るものは拒まず、去る者は追わず」の精神で、誰でも、いつでも受け入れていました。

パプアニューギニア代表団は、異国の地で心の温まる思い出を残して、無事に帰国しました。帰国後、代表団の女性の先生が教え子に宣伝して、日本の青年団との交際を期待し、たくさんの感謝の手紙と文通の申し込みが届きましたが、残念ながらその期待に応えることができませんでした。

広東雑技団

それは突然の電話から始まりました。現総社市の備中国分寺近くに住む、古くからの日中の活動家で山手村議である守安多馬一さんから、岡山県日中友好協会の犬飼勤理事長、安原副理事長たちと、改革開放の広東省へ視察へ行かないか、との誘いの電話があったのです。

一度、広東省へ視察に行きたいと思っていただけに、私は思わぬかたちでそれを実現する機会を得ました。中日友好協会の黄世明副会長も参加されると聞き、久しぶりの再会に心浮き立ちました。犬飼団長のもと、安原村議、矢山津山市議、ほか3名で、関西から香港へと旅立ちました。

岡山県からの客人に、広東省の各地では熱烈歓迎を受けました。とりわけ、海南島は海口を中心に、広東省から独立した省をめざしており、海外の華人の実力者を受け入れていました。なかでも、神戸の海南島ビルの動きは迅速に見えました。また、国民党と日本軍の戦争で、東南アジア、とりわけタイへ逃れた華人たちの故郷の漁村への里帰りが始まり、知人であるタイ製薬会社のオンワニも視察に来ていました。また、中越戦争で帰国した華僑の村も島の中部に開かれ、果物の栽培や魚・エビの養殖に取り組んでいました。

三亜市のかつて日本海軍の基地だった美しい海を訪れた時、北京から特別参加した中日友好協会の黄世明副会長の、これからここを東洋のハワイとして開発するのだという強い思いを感じました。黄副会長は神戸出身で新中国成立後に帰国、日本からの帰国者として初めて中央の幹部になった人物です。彼は、国の最高指導者たちの保養地である別荘の夕食会に出された特別料理、日本の伊勢エビに似たエビ料理に満足げで、これから鄧小平の改革開放の先進地・広東のために、中日関係の老友の皆さんは日本の友人たちにぜひ当地を知らせてください、いつでも歓迎します、と大変な意気込みでした。中国の指導者たちも、夏の避暑地・北戴河と比べられる冬のリゾート地として、全国から視察が増えており、とりわけ東北三省からの保養が増えていました。

鹿回頭の温泉での裸の付き合いに、守安、矢山氏もご満悦でした。いちばん年少者である私は、黒田寿男日中友好協会会長の地元である岡山県日中の野武士軍団の元気さに気圧され気味でした。

視察を終えると、広東省人民政府の指導者たちが、黄副会長と私たちを歓迎して、白天鵝ホテルで宴会を開き、慰労してくれました。

このホテルの1階にいる錦鯉が、許品章広東水族教会会長、鄭群佐副会長と香港の錦鯉愛好家の努力により、初めて飼育と展覧が行なわれたものであることは、第2章で触れたとおりです。

翌日、私たちは広州軍区所属の広東雑技団のサーカスを見学しました。東山区の練習場で、パリやモスクワで優勝したこともある世界のサーカス大会の最高の演技に魅了されました。そこで、岡山の日中友好協会が窓口になって、翌年日本公演を行なう話が進むことになりました。今回は岡山、西日本の協会で取り組むから、広島は観光を頼むとの話です。

帰国後、広東省の欧陽江旋君から年賀状が届き、日本訪問を楽しみにしていると書いてありました。彼は広州外国語学院で日本語を専攻した駆け出しの外交官でした。後に、大阪中国領事館領事、在広東省外国領事館を統括する仕事に就き、世界の窓口・広東の駐在外交官の生命・安全を守る任務に取り組みました。上司は清華大学で冶金学を専攻した上海出身のベテラン幹部で、宝山製鉄所の建設に参加し、広東へ転勤して来た人でした。日本で技術者の研修を行ない、独学の天才肌である彼は、頭の回転が早く、上海人の商い精神と日本人の特性をよく理解した人物で、行動的で、犬飼理事長と意気投合し、新規の事業を始めました。サーカス団の受け入れは、このふたりの演出によるものでした。

ところが、愛媛県から突然電話があり、広島で受け入れてもらえないかと言います。こちらは、広島観光と福山の公演を考えていたほか、山科美里広島市議に市長表敬と、できれば公演をとお願いしていたので、これが大いに役立つことになりました。

村おこしサーカス興行の旅

広島市の山科美里市議の尽力で、広島での興行にめどが立ち、広東雑技団は愛媛から船で広島へ。さらに、地元建設振興会の長宗我部事務局長の手配で、広島城近くのホテルへ。急遽決まった郵便貯金ホールでの2日間の公演のために、会場の準備が振興会の200社の協力で始まりました。県庁OBの長宗我部氏のおかげで、関係機関との調整もうまく進みました。7日間の広島滞在中、日本各地の公演、受け入れ準備も進められました。

若葉塾の無名の戦士と中国人民解放軍傘下の広州部隊である世界的な芸術家ら30名の60日にわたる共同生活がスタートしました。彼らの中には、中国政府派遣でパリ国際大会に参加した優秀な芸術家と監督もいます。

かつて、山科藤部隊の生き残りの戦友たちが集まって、湖北省宣昌市と広島市の友好のための署名を10万人も集めました。その多くの市民の願いが、後に広島市と重慶市の友好都市提携として実現しました。その効果が、雑技団の公演にも活かされたのでした。

参加企業の協賛金と4回の公演の収益1000万円は、広島市に留学生基金として、地元建設振興会（上野会長）より寄付されました。

また、舞台の安全のための留め金の補修も、関連会社の技術で行なわれました。日中友好の宣昌不戦の碑に始まる藤部隊の戦友の絆の強さは、大いに注目されました。これは後に、広東、香港への経済視察団の派遣へとつながりました。

輸送部隊桑山誠、松山五郎隊長の編成

広島から福山へは、瀬戸町（現岡山市東区）の備後自動車工業・大内社長の支援で、輸送バスと4トントラック貨物便を分割払いで手配できました。宿舎の方は青葉台松山邸、引野町の備熱工業・広原勝司宅に分散して宿泊することが前日までに決まりました。また、横橋保孝先生の尽力により、福山体育館で市内の小学生の鑑賞が決まり、3日間の公演受け入れの見通しが立ってきました。県内の関係者にも、広島公演のマスコミ報道で少し知られるようになっており、東広島次郎丸太鼓、秋津の公演が、青年団・商工会の行事として取り組め

ることになりました。さらに、徳島県神山町青年団、三重県大山田村（現伊賀市）青年団が受け入れを表明してくれました。

解放区延安の「南泥湾精神」で、優秀な芸術家と田舎の青年の共同作業、会場の準備から移動の道具の積み込み、宿舎は天理教の教会、公民館と、日本各地のあらゆる場所を経験してもらいました。当初、団長は事情が飲み込めず、あれこれと日本側の桑山隊長に要求を突きつけて翻弄してくれたものです。

兵庫県と広東省は友好省県で、神戸市と天津市も早くから姉妹都市提携を結ぶなど、在日華僑の人脈が関西では様々にあります。雑技団は林同春華僑協会会長を訪問してささやかな歓迎会のもてなしを受け、また兵庫県庁を表敬訪問しましたが、残念ながら雑技の公演は実現できませんでした。その代わり、八仙閣と陳東華社長の手配で宝塚の観劇が実現しました。観劇した30名は、帰国後、創作作品や劇場運営にも変化が表れたといいます。

また、三重県大山田村では、地元青年・広島君の努力により、当時人口１６００名のうち１４００名が参加して広東との交流が始まりました。

最後に、東京と横浜の華人の誘いに雑技団一同大喜びで移動しましたが、興行責任者の持ち逃げで、品川プリンスホテルの宿泊代と大阪までの新幹線代を臨時立て替えする羽目に。

そうした宿題を残しつつも、一行は無事帰国。捨てる神もあれば拾う神もあるで、広東同郷会の横浜の老板（社長）が立て替え分を肩代わりして送金してくれました。

雑技団副団長の寧さんは、中国の人民代表大会委員に選ばれ、20年後、福山で再会しました。そして、新たな演目を創作し、民音が受け入れ責任者となり公演しました。

労働衛生の先駆者・塩村繁

広東雑技団の福山体育館での公演をすませ、全国の旅の支度をしている時、近くに住み残留帰国者の日本語支援をされている山手解放会館の内田主事（音楽演奏家、後に松永支所長）が、川崎卓志市議が会いたいので連絡をくれとの伝言をもってみえました。そこで、さっそく川崎市議に電話をすると、「中国労働衛生協会の塩村繁専務理事が相談したいことがあるというので一度会うてくれんか、なんでも中国の留学生の件らしい」と言います。こうして塩村繁氏との付き合いが始まりました。

塩村氏に連絡をすると、引野町の事務所に一度お越しいただけないかとのことなので、津田塾大学で英語を専攻し、北京の京劇の専門校に留学したことのある国際担当の竹縄理佳さんとともにお伺いしました。

塩村氏によると、産業衛生の大学教授から、留学生の世話をしてくれないかと頼まれたということで、竹縄さんに担当してもらうことにしました。そして、それとは別に、アジアの労働衛生の向上に役立てるために、医療バスを再利用できないかという提案を受け、大きな課題を与えられました。

竹の町おこし 竹原市民訪中団

1987年のことです。大学の同期生である武田氏から、陶芸の師匠である比治山大学の濱本教授を介して、修道大学の日隈教授が、竹原の町おこしについて相談があるとの話を聞きました。当時、武田氏は自宅に陶芸のアトリエを構えるほど陶芸に熱を入れ、日本通運の管理部門の仕事の合間に濱本教授のお弟子さんの指導を受けていました。私は、安佐動物園近くの日隈教授のアトリエを訪ね、お話を伺うことになりました。

日隈教授によると、竹の町をイメージして、四川省のパンダの里の竹芸術を、山陽の小京都・竹原に活かしたいとのこと。市民参加の訪問団を派遣して、芸術作品や公園などに活かせればということで、大いに意気投合しました。

詳細は、竹文化研究会の坂本さんが市役所の担当課長とともに若葉塾を訪れ、話を進めていきました。代表団には後に市長になる小坂氏、中尾氏、NHKの「マッサン」の竹鶴酒造社長など各方面から参加し、新たな竹文化、芸術の町おこしが始まりました。

四川では杜甫の竹公園をはじめ、各種の竹を林業部の特別な配慮により提供してもらうことになりました。

余談になりますが、私の笹山の笹の字は和製漢字のために、中国語でどう発音するか、上の竹の字にするか、下の世の字にするか、四川の通訳・黄功元氏の判断で世の音で読むことになりました。

東広島次郎丸太鼓、荒海に挑む

広東雑技団と次郎丸太鼓の競演が縁で、次郎丸太鼓の広東公演が決まりました。1988年のことです。

梶原賢典団長（老人施設園長）のもと、山手電気社長、賀茂泉酒造の前垣専務など、若手の青年会議所メンバーのほか、日本舞踊の家元など総勢40名で、福岡から香港へ旅立ちました。広島から徹夜で駆けつけた次郎丸は、メンバーの属する運送会社に助けられ、重い和太鼓の重量を減額してもらい飛行機に載せることができました。

香港からは夕方7時の船便に乗り、最初の訪問地汕頭へ向かいました。天気予報では、ふたつの台風が接近しており、ひとつは台湾方面を北上し、もうひとつは香港方面へ向かうということでしたが、予測が外れてふたつの台風の挟み撃ちにあい、ひどい目にあいました。

新市友好マラソンと森政芳寿興譲館女子駅伝監督

カラオケ広州の開業が話題になり、備後からも駅家町商工会経済視察団（津川団長）、福山経済同友会、コダマ食品会長、福山中小企業視察団、元木敦美会計事務所、広島地元建設振興会、上野建設、尾道商工会議所等々、改革の先進地・広州への経済界の視察ラッシュが始まりました。そして、新市町の藤原平町長と千葉荘太郎議長が広州市を訪問すると、白雲区新市鎮と、同名のよしみで友好交流・協力関係を締結することになり、新市鎮からも越鎮長をはじめ、行政、教育、婦人の代表メンバーが来日して、相互理解と友情を深めていきました。

藤原町長自身も、中国東北部＝「満州」で生まれ、戦乱の大地を母（藤原和裁学校創設者）、兄（外務省アゼルバイジャン大使）とともに帰国した体験を有しており、平和と友好への情熱は人一倍強い方です。こうした町長の思いも、広東省人民政府は重視してくれました。広東省は兵庫県と、広州市は福岡市と、また仏山市は伊丹市と姉妹提携を結んでいましたが、鎮レベルでの交流は初めてのことでした。

当時、改革開放政策のおかげで、白雲区の下の農村人民公社は海外の同郷人の投資参加により、鎮の起業家たちに大きな変化をもたらしていました。とりわけ香港には鎮の人口と同じ10万人の同郷人が住み、彼らの起業したおもちゃ工場は、２００人規模から1万人へと成長しました。

こうした中、レストラン事業で成功した顔楽天氏の投資で建設した顔楽天中学の運動場を大会会場にして、新市友好マラソンの準備が、広東へ進出した松下電工や新市町出身の広島県人会の協賛もいただいて進められました。

中学教師の森政芳寿先生も、同僚の竹下、佐藤両先生とともに生徒を引率して、顔楽天中学生との交歓会に参加しました。地元の黒瀬君のお母さんは、息子が外の世界を知る有益な機会を与えられたことに大いに感謝されていました。村の中を走るマラソン大会に、村人たちも大いに興味を覚えてくれました。表彰式は、広東省人民政府、白雲区政府、新市鎮が加わり、花を添えてくれました。

新市町からの参加者は、香港へと向かう直行列車を待つ間に、新市鎮の人々と別れを惜しみ再会を約束し合いました。車内で森政先生が、「笹山さんはどうして高校教師の仕事を辞めたのですか？　ご家族は反対しませんでしたか？」などと質問されたのを覚えています。私は真顔になって、「自分を活かし、必要とするアジアがそこにある」などと答えました。「今やらなければいつやる。わしがやらねば」という井原の彫刻家・平櫛先生の名文句を思い起こしました。森政先生はその後、井原の興譲館高校へ移り、陸上部女子駅伝の監督として、日本を代表するチームを育てました。

天安門事件

１９８９年に入り、広東は華人をはじめ海外との交流が盛んになり、各国の外国領事館も増えていき、華南経済の中心地としてますます発展していきました。香港との陸上、海運の流れも、直接広州港への高速艇の運航が始まりました。珠江沿岸地区の航路も整備され、珠海、深圳市、汕頭市の特別行政区が全国を勢いづけました。

一方、立ち遅れる内陸との経済の格差が、胡耀邦総書記の辞任を契機に、民主化を求める声として、全国的に学生を中心に高まっていきました。ソ連のゴルバチョフ首相の推進するペレストロイカも影響し、北京では大規模な抗議の座り込みが繰り広げられ、それに対する趙紫陽首相の対応に、老指導者たちは不満を募らせていました。

私はその頃、ちょうどＪＴＢの妹尾健一課長（土手高校野球部の同級生）から、将来中国旅行の現地法人をつくるために担当の責任者と相談してもらいたいとの要請を受け、北京の中国青年旅行社本社へ担当責任者とともに交渉に行き、北京飯店に宿泊していました。そして、王達祥先生の尽力により交渉も進み、覚書を交わして、琉璃廠の文物街を散策した後、広東へ帰りました。

北京の風が怪しくなる前に、胡耀邦書記は胡錦濤氏を貴州省の書記に任命して地方に転勤させ、同じ胡姓の運命を大きく分けることになりました。おそらく、当時の政治局の老幹部の動きを予測して、すばやく人事異動をしたのでしょう。その後、指導部は胡耀邦の息子を優遇して、指導部の一員に登用しています。

一方の胡錦濤は中国共産党中央の書記に返り咲く前に、チベット自治区の書記を担当して動乱を収め、堂々と老幹部の信頼を勝ち取り、中南海へ帰って実務をこなしました。そして、江沢民氏の上海グループのもとで副主席として調整型の内政を担当します。

そうした中、内蒙古の青年団責任者から中央党学校校長に登用された劉雲山氏や、四川省青年団副主席、四川地方政府の市長から、小渕首相の緑の基金事務局長、国有財産管理大臣へと政治の表舞台へ躍り出た黄丹華女史等、世代交代が大きく進むかに見えた時期に、天安門広場で人民解放軍と市民との間に流血事件が起きたのです。

世界平和公園を広州沙面に

中国に対する不安と、今後の友好団体の関係をどう再構築していけばいいのかと考えていた時、タイ帰国華僑の陳篤生秘書長から、意見交換したいので勝利賓館で夕食をとの連絡を、欧陽江旋日本部長を介して受け、タクシーで沙面に出かけました。

陳氏はタイの華僑民主化運動に、マラヤ共産党宋平氏の農村民主化運動と連動して取り組み、多くの困難を経験して帰国した愛国華僑のひとりです。外国の帰国華僑が人民政府の幹部に登用されるのは、改革開放の広東の特徴のひとつです。中でもタイの正大グループの創業者は広東にゆかりがあり、養豚の飼料工場に低利子の融資を行ない、その調整にも一役果たしています。

会談にはその馬会長も同席されました。軍隊の経験者らしく、「三大規律八項注意」を厳格に遵守し、人民の利益のために幾多の困難を乗り越えてきた老兵だけに、内外の友人に理解してもらうために明快に意見を提起されました。

あれこれ雑談をしながら、私も、もう少し時期を見て、春節の広東を過ごす会を呼びかけては、とか、四川省へも私から掛け合い、可能なら北京を訪問する等、世界の友好団体、人士に声をかける提案をしました。

その結果、タイのＰＴＡ会長・イエム中将と日中青年交流協会が呼びかけ人になり、世界の広東に縁のある、アメリカ、ドイツ、フランス、インド、スリランカ、イタリア、イギリスなどの国が賛同し、日本からは兵庫県、和歌山県、岡山県、関西日中平和会等の賛同で、春節の広東、四川の旅を80名の参加で盛大に行ないました。

そして、この出会いを活かした記念公園を広東省広州市沙面のアヘン戦争の跡、外国領事館、租界地につくることを決めました。そして、世界の友好団体、人士の参加により、彫刻家の曹教授によって平和のハトが地球を支えるモニュメントを中心にして、各国が作品を提供することになり、日本からは比治山大学の濱本教授にメビウスの連帯の輪をデザインしてもらうことにしました。イギリス東インド会社のアヘン商人のアヘン1500箱を焼き払い、林則徐将軍が英国艦隊と戦った場所に、新たな平和のモニュメントを各国の友好人士と団体の力で実現させたのです。このことは人民中国の劉世昭記者によって大きく報道されることになりました。

ナミビアのマンテス代表の日本企業視察

若手のアフリカ研究家・峯陽一氏（現・同志社大学教授）から、南アフリカの支援やナミビアの独立運動を支援し、日本との経済交流の架け橋として尽力している後輩を、若葉塾で受け入れてくれないかとの打診がありました。京大ボクシング部で汗を流したこともあり、苦労に耐える青年なのでよろしくということです。また、近日中に、ナミビアから来日中のマンテス（蟷螂という意味）という会社の創業者が訪ねるのでよろしく、といいます。

世界史と地理でアフリカの授業に取り組んだ機会は少なく、60年代の民族独立の歴史などを思い出しながら、下調べにと、神辺旭高校の吉岡正晴先生に資料作成をお願いしました。まあいいか、来る者は拒まず。無知なわれわれでも何かのお役に立てればと、若葉流の外交方針で受け入れを決めました。

1週間ほどして忘れかけていた頃、池田丙午君とマンテス社の若手経営者夫妻が訪ねてこられました。そこで、宿舎の青葉台・松山五郎邸の迎賓館にご案内して、長期にわたる慣れない日本の旅の疲れを癒していただきました。その間、池田君の作成したメモを参考に、何人かの起業家を訪ねる計画を立てました。

まず、イーブンリバーの平川秀之社長を訪問しました。社長夫妻は、創業当時からの苦労話、なぜアウトドア商品に特化したのかなど丁寧に説明した後、ナミブ砂漠の観光に力を入れてアフリカのサファリツアーの募集・受け入れに取り組んだらとか、アウトドアのショップを開いてはどうかなどと提案し、衣服の土産を渡されました。

また、西アフリカの海岸は漁業資源が豊富なので、内海町漁業組合の渡壁金治郎組合長の案内で、カネト水産、養殖場、食品加工場を視察されました。その中で組合長は、日本向けの商品を保存する冷凍施設がないと日本の市場は期待できないとか、近隣の国々の漁業資源を提供できれば販路の開拓は可能だとか提案し、アジアとインド洋を航行した青春の思い出から、「若い独立した国ほど不可能を可能にできるチャンスはない、目の前の困難を跳ね飛ばして夫婦で頑張りなさい」と励ましました。そして、地元内海の名物魚料理でおふたりをもてなしてくれました。

池田君はその後、株式会社国際交流サービスの海外事業担当として新規事業の開発に励み、ＡＭＤＡのアフリカ支援の水先案内人として、国連難民高等弁務官の緒方貞子女史とも現地アフリカの調査に参加したことがあります。さらにその後、関西の国際労働研究所の研究員として活躍しました。

一方、アフリカとの経済交流支援は、２０００年以後、舞台を中国に移し、広州市白雲区のアフリカの起業家と現地の地元企業をつなぐ架け橋として、中国の繊維、衣料品、携帯電話の貿易へとつながりました。明の時代に鄭和の大航海がアフリカの希望峰を越えて広がった歴史があるように、事業は地元の華人と中国留学のアフリカ人青年の企業で推進され、白雲区だけでも10万人近い中東・アフリカ人が住み、彼らは広東語と北京語を駆使しています。

中国のアフリカ支援は、60年代の毛沢東のタンザニア鉄道への支援に始まります。

日本は、医療や教育を中心に、非軍事の国際平和の道が求められているのではないでしょうか？　ヨーロッパの旧宗主国や一部の大国の弾除けに利用されることのない、日本人の安全を保った独自の平和外交の道があるはずです。

バンコクアジア大会

コラートのイエム将軍が突然亡くなりました。彼が取り組んできた日タイの相互理解を深める事業は、モンコールパニト学長が引き継いでくれました。

告別式にはチャムロン、スチンダ両将軍の姿がありました。１９９２年5月の流血革命で対立した仲ですが、プミポン国王の調停で最終的に和解しました。私は当時、市内での休戦調停作業中、毎晩ホテルを移動していました。「ＳＡＳＡ、今日もいいホテルに泊まれるから秘書と移動するように」イエム将軍に言われるまま、訳が分からずホテルを泊まり歩いていましたが、最後の夜、将軍の秘書が「明日、事態が大きく変わります。国王が最終的に調停役を果たされるでしょう」と言いました。

チャムロン氏がバンコク知事の時、広島県の自民党議員秘書の大山広司氏がタイを訪問し、チャムロン知事との会見をセットしたことがあります。後日、タイの農業視察団が岡山を訪れた時には、ＡＭＤＡの菅波茂先生宅へホームステイを受け入れました。

シリントン王女はプミポン国王の信頼が厚く、３０００名の参列者、中でもチャチャイ、チャワリトなどの歴代首相経験者などの名代として葬儀を取り仕切っていました。私は、医療バス、教育交流事業などを「悲しみを力に変えて」継続することを誓いました。

その後、40名の大学関係者のさるかに訪問を契機に、日本から40名が１９９８年のバンコクでのアジア大会に招待されました。村おこしと国際貢献を新市町からもと、さるかに共和国の日下輝志夫妻、松村久視夫妻、山手夫妻、巴さだこ、森下氏らとともに参加して、開会式ではＶＩＰ席に参列しました。

そして、王女との会見や文部大臣はじめ多くの人々のとの出会いを経験し、魯迅の「道は初めからあるものではなく、人々が行き交うことでできるもの」という言葉を噛みしめました。

日中国交回復20周年記念上海お茶会

福山市が上海市徐匯区や松江県と相互交流を進める中で、1992年、徐匯区の王主任ほかの訪日団が安国寺を訪問した際、和尚が禅茶会のお茶会をぜひとも上海でと要請され、秋の国交回復20周年に合わせて、中国茶道との競演が約束されました。日本側は神戸の横田師匠と藤井和尚の禅茶会メンバーと丹波焼きの陶芸家、中国側は各地の銘茶の産地から参加し、会場は桂林公園に茶室を設け、お点前の女子学生を上海師範大学にお願いすることになりました。

当日は大勢の参加で和服が足りず、上海映画製作所から急遽借りることになりました。馬子にも衣装とはよく言ったもので、俄か仕立ての和服美女の誕生です。初めての体験に、皆喜びながらも、足を痺れさせていました。

会場には黄菊上海市長も参加して両国のお茶文化の交流を喜ぶ挨拶をされ、参加者一同大いに盛り上がりました。中国各地の健康美人のお茶娘のもてなしに、参加者は記念のお茶を買い求めていました。当方は日本茶の試飲のみで、販売促進は準備していませんでした。

戸手高校サッカー部北京国際試合

戸手高校サッカー部の菅龍人部長（現・盈進高校校長）から、三上悟校長が戸手高校の再生事業として、サッカー部をはじめ運動部を海外へ派遣して、外の世界を見せてやりたいので協力を、との依頼を受けました。そこで、三上校長と小森、中原一郎（現・福山商業高校校長）両コーチを交えての打ち合わせで、賛同金は三上校長の人脈で努力するとの心強い言葉を受け、実現へ動きはじめました。

当時、広東体育学院の練習場で、北京の冬場に若手選手の強化試合をするのを見学したことがあったので、学校関係者と連絡を取りました。すると、喜んで協力するとの返事を得ました。当時、中国はサッカーの創生期で、国内の試合もようやく広東省の企業が協賛を始めたばかりで、日本の両備が公安チームの応援を始めていたところでした。

その年（１９９８年）はたまたま周恩来生誕百周年だったため、記念の青少年交流事業にしようと、北京の中日関係史学会会長の楊会長の賛同のもと、サッカー関係者と日本大使館の協賛を得て準備が進められました。

当日は、北京国立サッカー場に、ワールドカップフランス大会から帰国した国際審判のホイッスルで試合開始。戸手高校チームも得点し、友好第一、結果第二の精神で試合が進められました。

夜の交歓会は、双方の出し物と、言葉を気にしないボディランゲージに大いに盛り上がりました。尾川君も楽しく皆を盛り上げ、今度は日本で試合を、と言います。中国チームのチェコ人ラド監督も、来日して選手強化に協力することを約束してくれました。

帰国後、部員たちは今までになく粘り強く練習に汗を流し、サンフレッチェ広島のユースチームのテスト生に選ばれる選手も輩出しました。外の世界を体験するという教育の機会は、人のやる気を大いに引き出すものです。教育の思いやり予算、投資を惜しんではいけません。

広東省人民対外友好協会創立50周年祝賀行事

2006年7月、広東省人民対外友好協会創立50周年祝賀行事が、広州のリニュアルされた東方賓館で催されました。日本からの祝賀団は、宝田昌範顧問、村田光男副団長（立川市の弁護士）、能登哲夫広島日本語学院理事長、松山五郎広島県武術協会会長、森義晴経済研究所員らです。歓迎の宴会は、世界80カ国の友好団体、人士、在広州の50カ国以上の領事館代表も含め、800名が集まり、広東省人民政府の外人弁主任（外務大臣相当）の老友・千敏氏の歓迎と感謝の挨拶で始まりました。千敏氏は宴たけなわの頃、私たちを見つけて乾杯の挨拶に来られました。彼は東北の大学で日本語を学び、特別区深圳市役所へ勤務し、日中間の架け橋となる多くの仕事に取り組みました。中でも、青年団OBの海部俊樹首相を香港、深圳市へ迎え、深圳大学での講演、名誉教授の授与、食品の日本輸入調査団の受け入れ、神戸の植物検疫の視察などを実現させました。そして、今では堂々たる指導者に成長しました。

その後、夜の舞踏会が孫文記念堂で開かれ、地中海のマルタ共和国歌劇団の公演があり、幕間には松山五郎先生と広東の著名な画家・蘇華一家の対談、若葉塾、日中青年交流協会と広東の芸術家たちの対話等が入り、中でも、広島の無名の原爆被爆者の語り部の話は、各国の参加者に大きな感銘を与えました。

翌日は、200名がバス4台に分乗し、アヘン戦争の開戦場所・虎ノ門砲台跡と記念館を視察しました。大英帝国の清国へ開国を迫る動きに、広東の愛国的な民衆と、清朝の林則徐将軍たちによる1万5000箱のアヘン焼却を契機に、2年余の戦いになり、イギリス軍は北上して北京に圧力を加え、香港が植民地化されて時代の潮目が大きく変わりました。

また、東莞市は、バナナの産地、寂れた漁村から、改革開放政策のおかげで、世界の工場として、海外の華人企業、とりわけ台湾企業の投資を呼び込み、台湾村も生まれ、人口は600万を超え、広東省有数の都市に成長しました。歌手のアグネス・チャンの両親の故郷でもあります。

海のシルクロード広東からインドへ

視察団の昼食歓迎会を済ませた私は、一行とお別れして、白雲の広州飛行場から空路バンコクへ向かいました。

実は訪中前、東大阪のＩＴ関連人材育成会社社長の宝田昌範氏（元・塩川正十郎秘書）から、インド行きの打診があったのです。宝田氏がインドのＩＴ企業メイプル社のレンガ社長から、チェンナイのＳＲＭ大学とメイプル社を案内したいと招待されたので、同行してもらいたいとの申し出でした。経費は出すので、君の交渉力を貸してくれとのことです。

塩爺の元参謀として政界の裏を知り尽くした人物の誘いをむげにすることもできず、広東の行事の後にお伺いすることにしたのでした。

機内でベトナムの古都フエの日本人街上空を飛びながら、インドの入門書『インド留学』を読んでいると、睡魔に襲われ少し眠りました。この本は、60年代に蠟山政道氏の弟子でインド政府国費留学生として初めてインド留学した石田和昭氏（岡山大学の石田米子教授の夫）が書かれたものです。

バンコクで1泊して、チェンナイへの飛行機はアラブ首長国連邦のドバイへ行く客が多く、西南アジアの経済の流れを垣間見ることになりました。チェンナイでは、飛行場でメイプル社の社員クリシュナ氏が出迎えてくれました。

レンガ社長、内閣総理大臣表彰

レンガ社長は、インド国内で日本の海運会社に勤めて早くから働き、日本語をマスターし、日本人の勤勉さと日本文化に魅せられたそうです。そこで、南インドのタミル地方を中心に、日本とインドの文化交流の民間大使となるべく、日本語教育、技術の交流に長年にわたり貢献され、小泉純一郎内閣総理大臣から勲章を授与されています。

日本人の細やかさを思わせるレンガ社の日本語学校の教え子たちは、チェンナイ日本総領事館をはじめ、各分野で活躍し、日本文化の記念祭などを開催して、インドの若者に日本の伝統的な踊りやお茶などを伝えています。

ＳＲＭ大学も、知人の中学教師が私財を投じ、寺子屋から始めたそうです。今ではＩＴ産業の人材、アーユルヴェーダ（伝統医学）、教育等、各分野の総合大学として、各国から研究者を受け入れて高い水準の学問研究を行っています。また、クリシュナ教授は、インド工科大学の出身で、ＩＴの起業家を育てています。

レンガ社長の手配で、ＮＥＣ技術者の新人研修プログラムセンター等日本企業の視察、インドの伝統舞踊の見学、チェンナイ日本総領事館との意見交換など、多忙な日程を終え、宝田社長から具体的な課題を提案して帰国の途に。

その3カ月後、コルカタのクンナ氏のビジネス宿の完成に合わせて、再びインドのボンベイ、デリーへ視察に出かけました。そして、インド国際文化協会の古くからの知人の案内で、アグラの文化遺産、タージマハルを視察しました。ムガール帝国の創始者・バーブルは、ジンギスカンの末裔でしたが、アフガニスタンの山岳地帯から南に下り、アレキサンダー大王が実現できなかったインド征服を実現しました。そして、現地の后のための霊廟を立てて民族の融和を促進しました。

タゴールの精神

ＡＭＤＡが催した岡山での「林原アジア伝統医学フォーラム」でも、サテライト会場を福山で引き受けて、インドのカースト制度の壁にぶち当たり、様々な障害が生じました。同じバラモンでも、海で魚を捕ることが禁じられ、地元漁師の手配を断り、早めに帰りたいとの要望に、ギリシャのマリアナ女医が「イギリスに留学したほどの君たちインテリがどうしたの？　相手の国のもてなしを受け入れられないほど了見が狭いの？」とお冠。カーストのために多くの民が苦しむ現実から目をそらすマハーラージャたちに、巨像のインドがカースト病を克服されんことを願います。

インド独立前にアジアで最初にノーベル文学賞を受賞した詩人タゴールは、日本の明治維新への期待と岡倉天心の日本の伝統文化を生かす生き方に共感して5回も来日しました。しかし、ロシアを破り近代化を進める日本は、日英同盟の盟約で第一次大戦に参戦して、ドイツの山東省を占領し、朝鮮半島を併合、対華21カ条の要求を中国に突きつけ、アジアの親日家たちを失望させました。

ヨーロッパの列強と同じ侵略への道を歩む日本を、タゴールは「西欧文明に毒された行動である」と批判しました。そして、「岡倉天心は東洋の真価にふさわしい人間の精神を熱く私たちに語りました。しかし、日本は西洋の文化を無批判に模倣し、残酷の国になりました。日本は東洋の偉大な伝統を放棄し、アジアを近代化へ導く資格を失いました」と失望しました。岡倉天心のめざした理想を今こそ実現しなければ、再び同じ過ちを犯すことになると危惧します。

タゴールはインドとバングラデシュの国歌を現地の言葉で作詞・作曲し、晩年は自らタゴール国際大学を設立して人材育成に努めました。

私はヒマラヤの雪解け水が幾多の民族、国家を流れるガンジス河の精霊に手を合わせ、一路シンガポールのチャンギ空港へ向かいました。

ました。

西南シルクロードの旅 シンガポールへ

チャンギ空港からファン錦鯉協会会長の手配してくれた車で、市内の中華街の宿へ向かいました。

翌日、ファン会長の池で泳ぐアジア杯優勝の紅白の鯉に日本のキョウリンの餌を与えていると、インドネシアのメーカー国際がいい餌を生産している、インドネシアの市場はこれから面白いという話を聞き、インドネシアの水産庁の長官と会うことを勧められ、紹介状を書いてもらいました。そして、マリーナベイが見える三菱ＵＦＪ銀行ビルの上階にある上海出身・顧軍会計士の不動産会社に赴きました。

顧軍会計士は東京の上智大学に私費留学して、東京にマンションを所有する若手のホープで、日本の投資不動産の財務コンサルタントとして活躍しています。そして、奥さんはシンガポール在住の日本人に中国語を教えています。事務所の家賃は月百万円で、手狭になったのでもう一部屋借りるとのこと。日本人、シンガポール華人、マレー人運転手、インド人の営業と、民族の助け合いの職場です。

マレーシアから独立したリー・クワンユーの金融都市国家も、水、食料、住宅の高騰で、対岸のマレーシアのジョホールバルに新たな経済区を建設中です。マレーシアのマハティール首相のイスカンダル計画の実現へ向けた建設現場を、顧軍ＣＥＯの案内で視察しました。そこで多くのマレー人は、シンガポールでの新たな仕事を見つけるために、英語学習と大学以上の教育を身につけた人材のみ受け入れられています。

すでにイギリスの大学建設予定地に基礎工事が進み、アジアの学生を受け入れる準備も進んでいます。80年代の香港―深圳の特別経済区を彷彿とさせます。

港の建設は、オランダの歴史ある港湾建設会社が受注し、日本の企業は立ち遅れ気味です。

今回は、顧軍さんの特別な配慮で5日間も滞在し、2日間の滞在費で4つ星ホテルに泊まれ、大満足でした。

不動産から娯楽施設、港の建設、大学や商業地区と、こちらの要望にてきぱきと対応して、さすがに日本滞在歴17年の顧軍さん。感謝、感謝、過ぎし時を懐かしんでいます。

彫刻家曹崇恩教授の書生

これだけ多くの歴史的人物の作品を制作した彫刻家はまれです。広州美術学院彫刻系教授曹崇恩。江西省チワン族自治区の寒村から国民党の警察官であった兄を頼り広州へ。1949年に広東省立芸術専門学校の美術科で勉強して、翌年に華南人民文学芸術学院美術部へ。1953年に新中南美術専門学校彫刻科へ移り56年に卒業。

広東の「老八路」からぜひ作品の制作と仏像の研鑽をするために日本へ受け入れてくださ

いとの要請があり、カラオケ広州でお会いすることになりました。偉大な彫刻家の教授と思いきや、田舎の石工のいでたちで、まるで棟梁のように弟子ふたりを連れて現れました。この時すでに、孫文や葉剣英将軍、太平天国の洪秀全などの作品を制作していました。

初来日時には瀬戸内の人々の作品をつくり、奈良薬師寺管主の安田英胤・順慶夫人の尽力で東大寺大仏、鑑真和尚の唐招提寺などを視察し、さらに鎌倉の平山郁夫・光子夫人との出会いもありました。作品制作に弾みがつき、広島出身の彫刻家圓鍔勝三先生と川崎のアトリエで、先生の東京駅の作品談義になったことも。6回にわたる来日のうち4回は私の父母の住むさるかにの里で過ごし、制作に励まれました。私は通訳兼作品制作助手として書生の誕生です。以降、作品づくりのお手伝いをし、広島の江波山気象台近くの母子愛像、語り部の像、漁師像など、多くの作品を生み出しました。

平山郁夫さんと＝ 1995 年 8 月 11 日

広東省彫刻家・曹師を招く＝ 1989 年 10 月 28 日

広州美大学長胡一川

平山郁夫銅像

魯迅先生像建立＝ 1992 年

芸術やスポーツで広がる
国際交流の輪。

戸手高サッカー部が北京へ交流試合に =1998 年

第6章

AMDAと私

林原アジア伝統医学フォーラム

子どもの頃から里山の恵みである和漢薬の原料になる葛、センブリ、ドクダミ、お灸の材料のヨモギ、咳止めに柿の葉茶等々を、祖母のイトばあさんが採るのを、妹の文と山遊びを兼ねて手伝いました。祖父も営林署の監督の仕事柄、薬草に詳しく、自家用の生薬をつくるのを見ながら育ちました。また、地元の藤原医院はわが家のかかりつけ医でしたが、藤原先生は山野草と漢方の研究家で、あまり値段の高い西洋薬を勧めず、「山形の板見堂池の土手にセンブリが自生しておる、あれを煎じて飲んでおけ」と、私がインスタント薬剤師の役を任ぜられ、自家製の薬をつくりました。今から考えると、農村家庭で高い薬代を節約するという思いやりもあったのでしょう。軍医経験から、赤ひげ先生の影響を受けていたようです。

1989年、AMDAの菅波茂先生から、アジア伝統医学の林原フォーラムに中国から医師の招請を要請され、北京のケン医師、広東省人民病院の莫少其医師の来日が決まりました。また、西安人民病院、内蒙古人民病院のウリナ女医も準備を進めていましたが、中国内の出国書類に時間がかかり間に合いませんでした。当時の入国管理は大変煩雑だったのです。

また、いとこの只重卓男氏が、林原グループから独立したカバヤ食品に勤めていたため、親しみを感じて準備の手伝いをしてくれました。

岡山のフォーラムは成功裏に終わり、舞台を備後に移し、瀬戸内海を満喫してもらいました。おもてなしは若葉塾が引き受け、1泊2日の内海町での魚釣りや船の旅を、妹の夫・渡壁和久氏の尽力で楽しんでもらいました。獲れたての瀬戸内の珍味に皆満足顔でした。

微笑みの国

タイのイエム将軍とモンコールパニト大学学長の要請により、日本で年間2～3の教育、医療団体を西日本で受け入れるとの噂が、コラートの病院関係者の口コミで広がり、「Mr.SASA、マヒドン大学出身の医師が日本へ行き、Dr.SUGANAMIとぜひともお会いしたい」と、軍人なまりの司令官から日本の息子「サンヤ・カリー・インタラクハム（笹山のタイネーム、イエム将軍の亡くなった長男の名前の一部をとって命名）」に指令が届きました。

福山での中国労働衛生協会の視察の調整を済ませ、菅波代表に予定を確認して調整しました。

バンコク総合病院の医師らが、勤務のかたわら菅波知子医師に家庭料理を振る舞われ、皆大いに感激していました。とりわけ、将軍の娘のイノさんは、母の手料理を思い出すとしみじみ語っていました。

中国とモンゴルへの贈り物

岡山後楽ライオンズクラブ　清水直樹

はじめに

西洋の優れた文明は、陸路と海路のシルクロードを通ってわが国に伝えられたことは、誰も疑う人はいない。紙や鉄、青銅、ガラスなども、日本まで伝えられ、正倉院宝物として保存されているが、現在の日本の繁栄の源はトルコを中心とし、西はローマ、東は中東、インド、中国、モンゴル、東南諸国であり、2000年以上の時を経て伝わったものである。

雲南省大地震

1996年2月3日にシルクロード茶葉古道で有名な麗江でマグニチュード7・0の大地震があり、死者約200名、被災者100万人、家屋の倒壊数10万戸に及んだ。AMDA（アジア医師連絡協議会）の調査団からの報告では、学校の被害が大きく、麗江市では学校980校中520校が倒壊した。子どもたちはビニールやフェルトで囲いをした仮校舎で勉強している。残った校舎の軒下で勉強している。余震がまだ続いており、家に入れない子どももいる。文房具や教育用具が不足している。現地は納西族という少数民族が住んでおり、貧しくて、衛生状態も悪い。校舎を再建する精神的、経済的余裕は全くない。村民も行政も困惑している。そこでライオンズクラブがＡＭＤＡを通して小学校１校を贈ることを子どもたちに伝えると大喜びしたそうだ。

現地の小学校名は余楽小学校（本クラブは後楽ライオンズクラブ）ということで簡単に決定した。

ライオンズクラブの中で、私が学校再建の実行委員長になり、予算、計画案、設計図作成、理事会の承認、資金集め、現地小学校での目録贈呈を5か月間を要して行なった。〝１日も早い学校再建〟を合言葉に取り組んでいるうち、新聞やテレビ、ラジオでも報道してくれた。ライオンズメンバーの他、個人、企業、笠岡の中学校で文化祭での募金活動、岡山京橋朝市ではクラブメンバー約50人が参加したバザーが行なわれた。地元の小中学生、高校生、町内会の人々など本当にたくさんの人々に応援していただいた結果、４００万円以上のお金が集まった。

中国の奥地に小学校１校建設するのには３００万円。

１９９７年２月３日、大地震からちょうど１年目に当たる日に、現地余楽小学校で目録の贈呈式が行なわれた。目録には麗江県教育長宛に鉄筋コンクリート校舎１棟を贈呈する由が記してある。目録は日本からＡＭＤＡ調査員の笹山徳治さんに持参してもらった。子ども達も先生方も大変喜んでくれた。返礼に雲南省麗江拉市・人民政府より〝中日友誼万古長青〟と書かれたペナントをいただいた。中・日の友好関係が永遠に続きますようにとの意味だ。ぜひ、そうあることを願っている。

ここで特筆すべきことを紹介する。岡山県笠岡西中学校の文化祭で募金をしてくれた。その返礼に後楽ライオンズメンバーである書家の栢菅渓雨先生に感謝状を書いてもらったことだ。先生は一字一字に仏が宿ると言われている写経の大家だ。

学校建設資金は１９９７年２月には目標額に達していた。１９９７年２月末に着工し、同年８月に完成。竣工式は２００７年８月17日に行なわれることが決定。日本からはライオンズ歯科チーム、広島チーム総勢26名のチームになった。８月16日麗江空港に着くと、民族衣装の大人女性３名と３人の女子が我々を迎えてくれた。

８月17日朝９時頃に通訳の方が我々を迎えに来てくれた。乗用車６台と農耕車で学校に向かい、私が一人農耕車に乗り、他の人は約１㎞の田舎道を歩いて学校に着いた。途中家が全くなく畑が一面に広がっている。桃源郷そのものだ。

我々が余楽小学校に着くと拍手と笑顔と歓声で迎えてくれた。式典が始まると郷長、学校長の挨拶があり、ライオンズクラブ白神団長の挨拶、私から文房具の目録贈呈を行なった。贈呈後に関係者５人でテープカットをして式典は終了した。

午後からは、歓迎パーティが行なわれた。日本から持参したオカリナ、笛の演奏、ライオンズからは山本重博さんが中国語で北国の春を歌って、集まった300人位の参加者から大喝采を受けた。最後は民族衣装を着た女性ダンシングチームが登場し、運動場に輪になって、日本人と拉市の人々が互いに手をつないで4拍子の軽快なリズムに乗って踊った。所々に間違う人もいて、笑顔がいっぱい見れた時間でした。

その後、食事時間に入り、餅つき大会、うどん作りが行なわれた。並行して歯科チームは沢山の人々の虫歯を抜いていた。私は内科の診察をした。血圧測定、尿検査、心電図、聴打診を行なった。

20年前には日本語を正確に通訳できる人は全くいなかった。そこで患者一人に通訳5人がついて診察した。最も信頼できたのは、中国広州市から同行してくれた看護婦さんだった。患者さんの訴えを納西語、中国の方言、中国語の標準語に近くなったところで、看護婦さんが私に漢字で書き示してくれたので、何とか意思の疎通ができた。一人診察するのに15分くらいはかかる。20人位診察したところで、まだ山の奥から歩いてこちらに向かっているので待ってほしい。昼食は食べられなかったが、わざわざ来てくれる気持ちをありがたく思った。

3時間かけて高い山の上から来たミャオ族の患者もいた。村の診療所には、衛生学校を出た人が治療を担当していた。雲南省には当時、雲南大学医学部しかなく、医師の資格を持っている人は相当に少ないのが実情だった。

もちつき大会のもちを食べて下痢になった人が数名いた。もちを丸める手が非常に汚かったので私はもちもうどんも食べなかった。夕方遅くまで患者さんを見たので少し空腹感はあったが絶食して正解だった。

住民の衛生観念は非常に低い。まず風呂に入らない。だから家に風呂がない。常春の地（常に春の気候）であるため、風呂に入る習慣がないのだ。子ども達は、汗をかいた時には近くの小川で汗を流す程度の事はする。飲み水も小川の水を飲んでいた。10年前の校舎改修工事で井戸水を汲み上げ、蛇口のついた水タンクを寄贈した。

2000年には槙枝ライオンズ会長の時に、5人のライオンズメンバーが岡山市立岡山中央南小学校の絵、書、作文を持参し、交換に余楽小学校の作品をいただいて帰り、我がクラブメンバーの劉先生に作文の翻訳をお願いし、岡山中央南小学校に届けた。この時から子供による日中文化交流が始まった。

2002年8月25日～30日までの6日間、日中友好30周年記念に中国雲南省余楽小学校親善訪問団を派遣した。今回の主目的は中国雲南省余楽小学校と文化交流をすることである。岡山中央南小学校の教師2名と児童4名が岡山を出発、上海を経由し、昆明で1泊して翌日麗江空港に着いた。昆明に1泊する理由は、麗江は標高2400m、昆明は1800mで高山病予防のためである。ホテルに着くと、余楽小学校の李雲先生、若い女性の先生で前回の訪問時には言葉は交わさなかったが、私の顔を知る唯一の先生ということで、親しみを感じて握手を交わした。今回の訪問では李雲先生に大変お世話になった。日本との手紙の交換、人民政府との交渉、学校での歓迎行事の準備も彼女が中心になって動いてくれた。昼12時頃に李雲先生がホテルまで迎えに来てくれた。そして、バスで40分かけて余楽小学校に着くと、余楽小学校の児童が全員人垣を作って拍手と笑顔で大歓迎してくれた。校門の上には横幅約10ｍの熱烈歓迎と書かれた横断幕。校門を入るとすぐに式典ができるよう準備ができていた。余楽側の郷長、教育長、校長の挨拶があり、槙枝団長より文房具の目録贈呈、小野名誉会長より御礼が贈られた。岡山の児童からは縄跳び、ドッジボール、フリスビー、折り紙などが手渡された。教室に入ってからは子供交流です。数人の代表者が出て、絵や書の交換の他にも子ども同士の意見交換会が行なわれた。さらに運動場に出て、岡山中央南小学校の児童はリコーダーでさくらさくら、エーデルワイス、ソーラン節の3曲を演奏した。余楽小の子ども達、父兄からも大きな拍手をもらった。余楽小学校の児童は合唱や踊りを見せてくれた。次に納西族の古典音楽隊が登場し、笛、太鼓、木魚、馬頭琴、琵琶、当たり金など日本人にも名前がわかる楽器ばかりで、日本の楽器は中国からシルクロードを通って日本に伝来したことがよくわかる。その後は納西族の踊り子さんが出てきて、参加者全員で4拍子のリズムで楽しく踊った。いい思い出である。

今にも倒れそうな仮校舎

残った軒下で勉強している

感謝状

笠岡市立
笠岡西中学校殿

貴中学校は中華人民共和国雲南省大震災で多くの小学校が壊滅し悲惨な状態にあることを熟知され仁道上小学校再建のため文化祭において義援金を募り建設費を贈呈されました
これは偏に貴校の熱意の賜ものであります
ここに感謝状を贈り深甚なる謝意を表します

平成八年十二月十日
岡山[illegible]クラブ
会長 [illegible]

中国とモンゴルへの贈り物。

学校再建で大喜びする子ども達

余楽小学校の完成

参加者が輪になって踊った

余楽小学校で目録贈呈式

楽器演奏をする岡山中央南小の児童

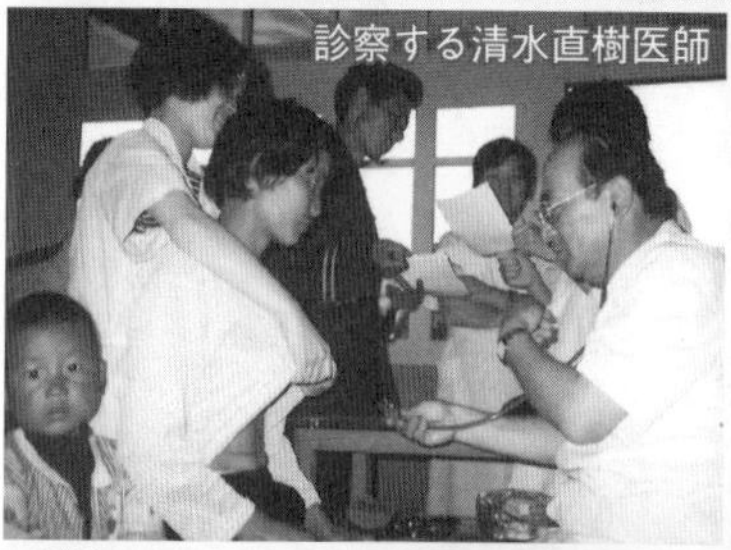
診察する清水直樹医師

日本の児童の作品を余楽小学校に贈った

納西族の古典音楽隊

教室内では絵や習字の交換と意見交換も行なわれた

余楽小学校からトンパ文字の書が贈られた

初めて見た海に感動した

２００４年７月には余楽小学校から拉市郷の教育長、校長、女教師と４年生児童４人の７名が来日した。まず、受け入れてくださった岡山中央南小学校での交流活動から始まり、盆踊り大会、後楽園見学、新幹線の岡山駅での見学、渋川海水浴場で生まれて初めて海を見、なめてその塩辛さに驚いていた。

子ども達４人はそれぞれ２家族の家に２日ずつホームステイした。受け入れ先のホスト家族では大変な苦労をしておもてなしをしてくださったようだ。風呂に入ったことがない、下着はない、トイレは男女とも長方形の穴に向かって用を足す習慣。来岡時、岡山は35℃だというのに冬服でやってきた。７人分の服や靴はすべてユニクロで用意した。麗江は常春の地、一年を通して10℃から20℃位であるから、35℃の猛暑の中を連れ回ったので、きっときつかったと思う。体調を悪くした子もいたが、何一つ不満は口にしなかった。

２００６年５月からは小学校訪問の他に白内障で悩んでいる人に手術をすることを目的に雲南省麗江県拉市郷の白内障調査団を派遣した。拉市郷に２人いることがすぐに判明、麗江市人民医院眼科で白内障眼内レンズを入れる手術を受けるよう指示した。手術代は２０００元（約３万円）、日本側で支払った。

拉市郷とその近隣地区で目の見えない人は人民病院を受診して、白内障で視力回復可能な人は全員無料でライオンズクラブの負担で手術をしますと人民政府衛生局長に告げ、帰国した。

２００６年12月29日～２００７年１月３日再度雲南省麗江市を訪問し、麗江市人民病院の眼科部長と直接会って、白内障手術をお願いしたいと申し出たら、２００６年８月頃に手術した方からは手術代、入院、薬を含めて、前回は２０００元支払った。

10名の方に手術するが一人６００元でできる。中国中央政府からの指示だという。眼科部長の和先生は我々一行を自宅に招待してくれた。実は自分は拉市郷の出身であるとのこと。

私の故郷の人に白内障手術の費用を負担してくれることに感謝しますとお礼を言われた。

話は20年も前に戻るが、私は医者として余楽小学校で20人位の人の患者さんを見せていただいたが、60歳代に見える女性の患者が、目が見えなくなったと訴え、私の前に座ったが、見えないのも当然両側白内障である。そこで私は、「手術をすれば治りますよ」と言ってしまった。その言葉を聞いた広州市から同行した看護婦さんから、「農民の人で白内障の手術が受けられる可能性は０％です。麗江市で白内障の手術が受けられるのは政府の偉い人か大金持ちだけです。これから診る患者には白内障の手術の話はしないでください」と注意を受けた。

でも、私はいつの日か余楽小学校周辺の白内障患者の手術をすることがあるかもしれないと思った。白内障の手術を受けて目が見えるようになると、家の厄介者から一転して、働き手にもなり、自分の身の回りのことができるようになり、患者も家庭も明るくなる。どの家からも大変感謝された。

5年前からはライオンズクラブはモンゴル支援センターの建設、白内障手術、子ども達に正しい度のメガネを無料で贈呈する事業をしている。

おわりに

笹山徳治先生には、余楽小学校の再建の際には大変お世話になりました。中国の奥地で学校が建設できるなんてAMDAと笹山先生なくしてはとても出来ませんでした。

余楽小学校と日本の小学校の文化交流、白内障の手術、モンゴルでの活動の原点はやはり余楽小学校再建であったと思います。

医療バスを贈る

前章で紹介した労働衛生のパイオニア塩村繁氏のアジアの労働衛生に役立ちたいとの申し入れを受けて、タイPTA代表団の来福の際に交わされた覚書に基づき、タイのイエム将軍の仲立ちでマヒドール大学に医療バスを贈呈することになりました。1台はマヒドール大学のレパノン教授の研究所に、もう1台はイエム将軍の故郷ナコンラチャシマのコラート陸軍病院の農村巡回医療隊へ贈呈することになりました。イエム将軍とプミポン国王の長年にわたる信頼と、プミポン国王の農村医療の向上への想いがひとつになった結果です。

イエム・サンヤー（笹山のタイ名、「約束」の意味）の共同作業の始まりです。助ける命があればどこでも誰でも―AMDAの理念のタイ現地での実行です。イサーン（東北タイで「農民」の意味）に大いに喜ばれ、将軍も満足の笑みを浮かべています。すべての運営は現地で取り組むことになりました。

タイでの取り組みと同時に、林原伝統医学フォーラムに参加した広東省人民病院の張医院長と莫少其中医学医院医師から、広東省への支援もよろしくとの伝言を受け、西部部長、久田訓課長に伝えました。すると、塩村さんの関連機関から医療バスを2台提供できるとの知らせを受けたため、準備作業に取りかかりました。

内部の機械点検などに1カ月あまりかかる間、神戸港までの陸送、海運会社の予約、硬いお役所相手の書類作成等々。同級生の日本通運・武田恒雄君にも助けられ、国正巌イズムの海外輸出方法論、開運貿易論、為替・関税論の復習です。恵谷、竹縄里佳さんの英語専門家に助けられて、海運会社の担当者もたじたじの交渉力を発揮しました。これには、オーストラリア留学をした将軍の娘イノさんも大喜びです。

贈呈式には塩村夫妻、太田浩介脳外科病院理事長ほかの参加を得て、広東省人民病院との絆が深まり、1996年2月の雲南地震の支援へとつながりました。

その後、岡山大学の青山教授のもとへ、遼寧省の鞍山製鋼所で粉塵被害を受けている労働者に対して現地の労働衛生協会の要望があり、医療バス1台を贈ることになりました。塩村氏からの要請を受けて関係機関との調整作業に入りましたが、塩村氏はタイのイエム将軍との協議のためにタイを訪問して帰国後、心不全のため志半ばで逝去されました。塩村繁先生は、アジアとの共生の道を進む私たちをいつも激励してくれました。AMDA福山支部は、当時、設立準備のために看板まで作製していた福山医師会検診センターの久田訓、太田医師の尽力によりその後軌道に乗り、塩村精神が活かされています。

雲南地震

それは一本の電話から始まりました。1996年2月3日、中国から帰国して会館で休んでいると、AMDAの菅波茂代表からの電話です。

「テレビを見てください。中国の雲南で大規模な地震が起きました。場所は納西族の地区です。夕方までに派遣態勢を確立できないか、検討してください。」

その前年、菅波代表とAMDAの本部で、ヒマラヤの周辺諸国で地震が起きないか、その可能性を話したことを思い出しました。その際に、中国での対応について意見交換したのですが、予想よりそれが早く起きたことに驚きました。

2日前に帰国して大阪で仕事の打ち合わせをした後、前の晩遅くに福山に戻って広東へ送る資料を分析してあまり眠っていなかった私は、ニュースで雲南省の現場の状況を確認して、直ちに広東の事務所に連絡して緊急の対応を李トウ君に依頼しました。また、莫少其医師に、AMDAについて、人民病院の張医院長への協力要請も依頼しました。

すると、30分後、返事の電話があり、中国の自然災害への支援に感謝します、笹山さんたち日本の皆さんの国際主義の精神に、私たちも人民に奉仕する医師として、支援に動く調査を始めております、老友の要望を受け、被災地への支援を自己の職務として行ないますとの答えがありました。

そこで、直ちに菅波代表へ状況報告するとともに、2時間後に竹林事務局員と打ち合わせすることにし、医師と看護師を各1名派遣する調整をお願いしました。

そして、関西空港から香港経由で広東へ行き、現地の莫医師と合流して雲南へ入る大まかな計画を立て、香港―広東の飛行機の緊急手配を、香港と広東省の要人を受け入れる旅行社に要請しました。基本的な準備を短時間でできたのは、各分野の人材を若葉塾と日中青年交流協会で受け入れて、相互理解と信頼関係を築いてきたからにほかなりません。日頃の付き合いこそがいちばんです。

関西国際空港での出発に際しては、多くの報道陣が詰めかけましたが、対応は岩永医師と加藤看護師に任せ、私は緊急医薬品の積み込みに専念しました。調整中の用件を先に話すとは弊害が大きく、先方との協力態勢は自分の目で直接確かめてからでなければ言わない方がいいことを、東南アジアでの戦場カメラマンの経験から骨身にしみて体験していたからです。

無事に香港に到着し、2名の同行者も緊急の入国手配で飛行機に搭乗でき、ホッと一息つきました。広州の飛行場には莫少其医師と広東省衛生庁の林外事弁副主任、広東事務所が出迎えてくれました。そして、翌日午後の飛行機で、雲南省の昆明へ、800キロの医薬品を人民病院の手配で送ることができました。そして、莫少其医師が広東省人民病院を代表して、雲南省衛生庁の楊滋生長官との協議並びにAMDA雲南緊急援助の調整役として参加してくれることになりました。なんとも頼もしい限りです。

広東と雲南は日頃から漢方医学の薬草の交易で絆が深く、相互扶助の関係も良好です。こうした政治、経済の長所が今回の件で活かされました。

昆明の飛行場は海抜が高く、少し酸素不足を感じました。一年中春の気候で、陸上、とりわけマラソン選手の高地訓練の場として知られています。地震が起きたのが不思議に感じられる中、荷物を取り出していると、被災者を運ぶ輸送機が到着して、救急医療車で各病院へ運ばれて行きます。出迎えの雲南省衛生庁のワンクイ外事弁副主任が莫少其医師と握手して

「辛苦了（お疲れ様）」。そして、私たちに、ようこそ雲南へ遠路日本からお越しいただき感謝します、楊滋生衛生庁長官に代わって歓迎いたします、と挨拶されました。

　私たちは宿舎の翠湖賓館へ向かいましたが、岩永医師の要望で、先ほどの患者らが運ばれた病院を外から視察して、湖の近くのホテルに現地事務所を設置することにしました。こうして日本との連絡態勢ができあがり、本部の菅波代表に、世界でいちばん最初にAMDAが到着したことを報告しました。

岡山からの国際貨物機

　雲南地震への救援物資が多くの支援者からAMDAの本部へ送られてきました。その善意を届けるために、日本の貨物機が使えないものか？　菅波代表とAMDAの航空ボランティアが動き始めました。

　私からは、現地の雲南へ乗り入れるには日本の航空機と乗員・パイロットでは中国空軍の管轄問題で不許可になる、また、日本の上空はアメリカ軍の管轄で、羽田、成田もアメリカ空軍機の飛行優先区域で、自衛隊機も日米地位協定で制限されている、といった状況を説明し、中国上空を飛ぶには中国国際航空の貨物機が安全であるとの助言をしました。

　そこで近藤事務局長が動き、日通貨物の代理から北京の中国機の貨物便を手配して、岡山空港から昆明の飛行場へ16トンの救援物資を運びました。中国人乗務員は、私に、岡山県民の中国人民に寄せる人道支援、何百人もの人々が飛行場で離陸まで見送ってくれたことに感謝しますと、握手をしてくれました。

昆明市は神奈川県藤沢市と友好都市関係を結んでいます。それは雲南が生んだ作曲家で義勇軍行進曲を作曲したニーアル（聶耳）が1935年に藤沢市の海岸で23歳の若さで溺れ死んだことに由来します。それ以来の昆明と日本を結ぶ日中友好の新たな種が、雲南地震への救援活動を通して芽生えてきました。

救援物資贈呈式とジャーナリスト山本美香女史

岡山県人の友情の品々を渡す贈呈式が、翠湖ホテルの会議場で、雲南省衛生庁、雲南省対外友好協会、AMDAの合同で行なわれました。楊滋生長官の挨拶で始まり、AMDAを代表して私が救援目録の説明と挨拶を行ないました。

200名近くの参加者、報道関係者の中に、フリーランスとして駆け出しの女性ジャーナリスト山本美香さんが忙しく働いていました。日本から飛び込みで現地に取材に訪れたものの、中国での取材は北京の国務院新聞弁公室の許可した報道各社以外にはできません。フリーのジャーナリストにはまだ門戸が解放されていない時代でした。しかし、衛生庁の王副主任、広東省人民病院のの莫医師と出会い、AMDAの随行カメラマンとして取材に参加してもらうことになったのでした。今から思えば、粋な計らいでした。

私も以前、中国放送の上海撮影許可書を取得した時に北京を訪問した教訓が生きました。中国には広東人が北京へ行き許可をもらうのに改めて「官少」を知り、北京の役人が深圳市に行くと自分の持ち金が少ない「銭少」に気づく。また、海南島に来てみたら若い元気な女性が多いが元気がない「身体不好」―これらは官吏の権限も金次第の経済特別区と中央の許認可の矛盾をうまく表現した言葉で、日本でも永田町と地方自治体の役人の権力とお金にまつわる話に共通性を感じさせます。

その後、山本美香さんはAMDAのコソボ取材などにも駆けつけてくれ、戦場の子どもと女性を描くジャーナリストに大きく成長されました。時折、テレビで持論を解説する生き生きした姿を拝見していましたが、残念なことに、2012年にシリアの取材中にアレッポの最前線で銃弾に倒れてしまいました。

また、関西の朝日放送の加藤さんも、上海支局からいちばんに駆けつけて、岩永医師、加藤看護師にインタビューしました。そして、「笹山さん、ラジオの生放送に朝方電話取材しますので、よろしくお願いします。」と言い残して、風のごとくモンゴル高原へ向け旅立ちました。林彪元副主席の墜落したトライデント機を取材するためです。しかし、その言葉が最後になるとは誰も想像だにしていませんでした。1週間後、彼がヘリコプター事故で墜落したことを報道で知りました。

麗江の納西族の被災地へ入る

贈呈式が終わると、上海のチームも迎えて事務所も大人数になりました。また、岩永医師はＪＩＣＡのフィリピン派遣研修計画があり、加藤看護師も莫先生が広東まで同行して帰国することになりました。そこで私は、職場の仲間の配慮に甘えないためにも、報告も兼ねて一度広東省人民病院へ戻ることにしました。そして、沙面のインドネシア帰国華僑同胞支援センター内の国際交流開発広東事務所へ、上海医科大学の王医師に同行していただきました。

その時、予期せぬ事件が発生しました。事務所内で盗聴器が見つかったのです。翌日には被災地へ行く許可が出るタイミングでしたが、私は菅波代表と協議して断念しました。参加者の身体検査、経歴審査をしないＮＧＯの弱点の克服という課題に直面しました。人選選考の危険を実例で学び、断腸の思いで一時退却をし、態勢立て直しを決めました。

１週間後、ワンクイ氏から、莫医師と笹山さんの現地訪問を歓迎するとの知らせが届きました。私は母の口癖を思い出しました。「山より大きな獅子は出ない」、悪いことはいいことの始まりである、と。

今回はＡＭＤＡ昆明クラブ、笹川医学留学の医師、日本留学経験者を中心に組織された雲南の青年らで、麗江の納西族の被災地へ入ることにしました。現地に入ると、私たちは地元政府、医療関係機関への挨拶と今後の課題について聞き取りを行ないました。

被災者の野外テントで、莫少其医師と昆明クラブの陳昌氏が、火傷で両親を失い自身も火傷と複雑骨折をした15歳の趙君を発見しました。そして、ワンクイ医師と相談し、このままでは下半身不随で歩行困難が残る、何とかしようということになり、昆明へ飛行機で緊急輸送することになり、菅波代表も了承しました。

地元の医療機関の同意と了承を昆明クラブが担当し、役割分担を決め、あくまで地元の医療機関中心に動くことにして、治療介護の医師が１名同行することになりました。

雲南省は30を超える民族が暮らす省で、和省長は納西族、医学留学学院の院長はイ族。また、南部のシーサンパンナにはタイ族、ハニ族、アカ族と、聞きなれない民族もいます。民族間の団結こそいちばんなのです。調整員の能力が問われます。

その時、北京音楽学院の訪日団で福山へ公演に来たことのある徳ホン歌舞団の金小ホン副団長から感謝の電話がありました。10年ぶりの声の再会です。ワンクイ医師の奥さんも大理の白族の歌手で知り合いであったため、彼女から話を聞き、またテレビで懐かしい顔を見たため電話をしたとのことでした。

AMDA の三宅和久医師（右）

タイのマヒドール大学へ医療バスを贈呈＝ 1990 年 12 月 13 日

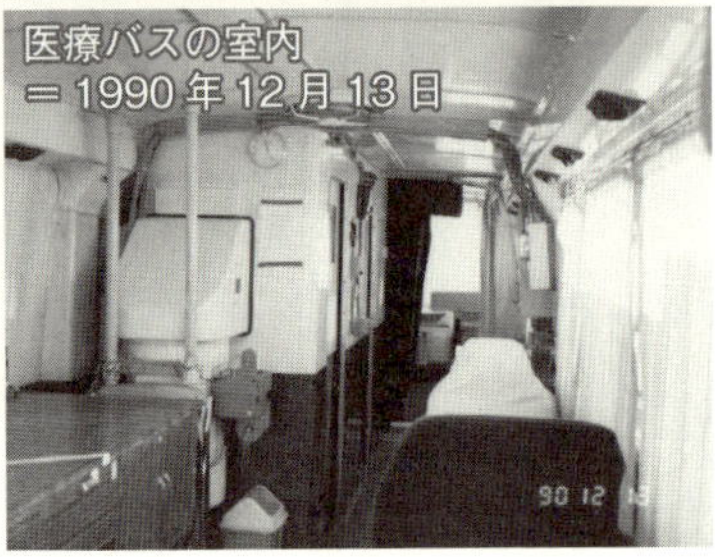
医療バスの室内
＝ 1990 年 12 月 13 日

雲南省医療救援物資贈呈式＝
1996 年 11 月 2 日

中国・雲南での大地震では、緊急援助の調整役としてかかわることになった。

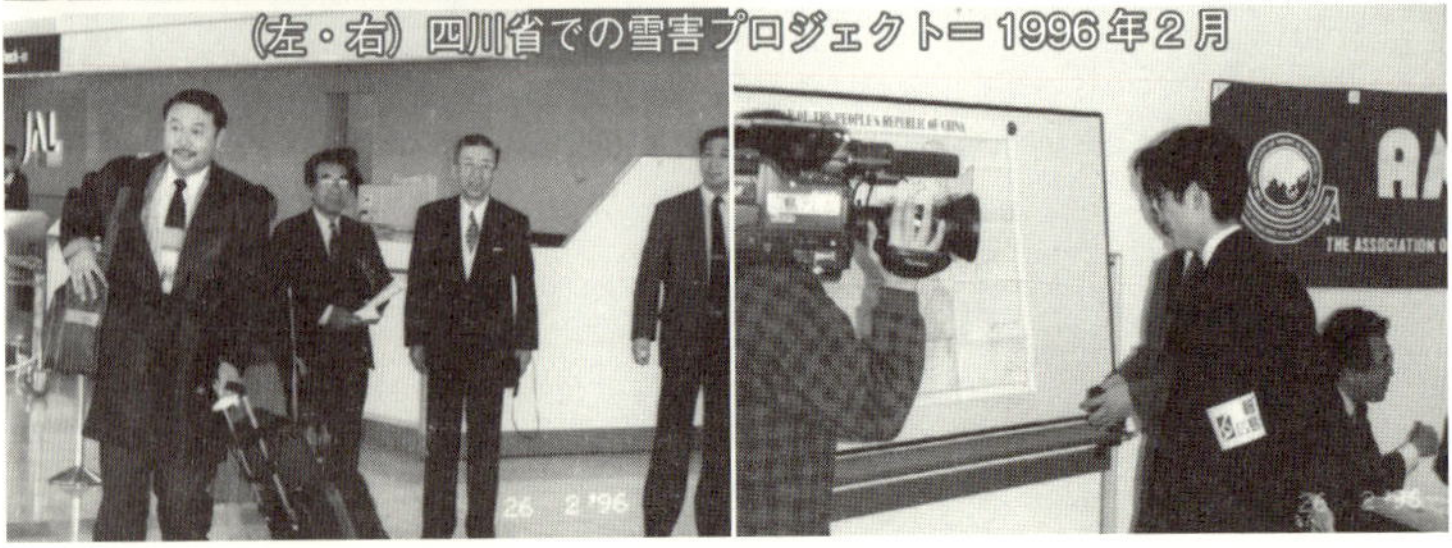
（左・右）四川省での雪害プロジェクト＝ 1996 年 2 月

広島アジア友好学院と雲南被災地村おこしツアー

広島アジア友好学院は、被爆者の平和活動家・山田忠文氏との再会が契機となって、１991年に多様なアジアとの共生をめざす人材育成の寺子屋として、広島市中心部の私が管理するマンションの一室で産声をあげました。初代学院長は金原正士医師でした。金原医師は中国の満州から戦乱の中帰国し、松永で開業されました。

松永医師はＡＭＤＡの三宅和久医師と麗江へ巡回医療へ行かれ、子どもたちの健康診断に尽力され、帰国後、報告会を若葉塾と広島市で行ない、参加者にＡＭＤＡ支援と雲南への村おこしツアー参加を呼びかけました。

私は、学者と仕事人を派遣して村おこしの知恵袋として何かできないかと考え、加茂町北山神辺の伯父の上本正勝（父の姉＝私の伯母・照子の夫）に相談しました。伯母は千歳、桃代、京子、勝子の姉妹の長女として、シベリアから父が帰国するまで、次女の千歳とわが家を支えてきました。正勝伯父は、特別飛行機の燃料がなく、待機組で敗戦になり無事帰還しました。井伏鱒二の小説『黒い雨』のモデルの女性と同級生です。自身、佐世保で長崎の原爆の黒い雲を遠くから目撃し、運よく故郷に帰る際にも、広島の爆心地を見ながら福山駅へ、空襲の焼け野原を歩いて神辺の中条、三谷へとたどり着きました。そして、家族の無事を知り、よく生きて帰れたものだと、私にも経験を話してくれたものです。「何としても生きるんだ、先に片道のガソリンで突撃した仲間の無念を生きることで供養してやる」との強い信念の人物です。

菅波茂医師、知子夫人が岡山で世界に名だたる活躍をしていることに前から関心があるようで、なんで医者でもない徳治がそれに関係しているのかと、よく質問されました。それに対して私は、軍隊でいえば後方支援と前線の確保、無事に医療隊を任務に配置して帰還させる大事な仕事や、医師でなくても、語学や情報分析、安全確保はできると説明しました。少し理解が進むと、被災地の農業支援について、昆明は花の街で知られている、花で飯が食えないか、黒崎の花福社長に連絡してみる、と話が進みました。

そして、伯父・正勝、伯母・照子、その娘の美根子に花福の黒崎社長、広島アジア学院の山田理事長、富士川比治山大学教授など総勢約10名が参加し、広州、昆明、大理、麗江の旅が実現しました。

中でも黒崎社長は芳井の山の中から花屋として何ができるかと考え、正勝伯父は生産者の目で見た立場から提言を行ない、ラス村の和鎮長も興味津々で、まずは地元の昆明花市場の売れ筋を調べ、清流を活かしたわさび栽培を進めることになりました。

一方、伯母は銭太鼓の練習の成果を娘を助手にして村の広場で公演しました。

私はスポーツカイトをしていたところ、その轟音に子どもたちが駆け寄って危険なので一時中断。それ以来、凧が飛ぶとＡＭＤＡのおじさんたちの来訪を村人たちに知らせる伝令になりました。

漫画家で医師の三宅和久

初めて三宅和久医師にお会いしたのは、菅波茂医師のアスカ国際クリニックでした。三宅医師は当時、宇治徳洲会病院で地域医療に取り組まれる一方、ＡＭＤＡ応援団の片山舜平加茂川町長の要請で加茂川町の夜間当直を交代で勤務されていました。私は、新市町の国際化のため、藤原平町長や江草助役の要望もあって、三宅医師に公演の依頼に訪れたのです。

それからしばらくご無沙汰していましたが、雲南の麗江地震に際して、三宅医師が広島アジア学院の金原正医師の現地医療活動に参加されて以来、本格的な付き合いが始まりました。その後は、ベトナム洪水の救援、河北省地震や内蒙古への被災地支援と、ともに活動をすることになりました。

そして、三宅医師は極東ロシア・サハリン、インド、アフガニスタンと、自然災害と紛争地域を縦横無尽に駆け回り、ＡＭＤＡの表看板に。その活躍ぶりは、著書『ＡＭＤＡ緊急救援出動せよ‼―ＡＭＤＡ緊急救援10年間の軌跡―』（吉備人出版）で詳しく紹介されています。

私の方はといえば、調整員―コーディネーターという耳障りのいい言葉で、「何だか偉くなったかな？」と勘違いしつつ、ドサ回り劇団の団長よろしく、多くの劇団員の演出指導と現地訪問先の安全確保のために、いつでも、どこでも、誰とでも仲よくなって喜ばれる演出家に徹してきました。解答のない試験問題、出たとこ勝負の人生で、うまくいかなくて当たり前、うまくいくことを信じてサイコロを振る、プライドも面子も最初から持ち合わせていない田舎者だからこそ務まる任務です。

一方の三宅医師は、麗江の健康診断で子どもたちに即興でマンガを描いてあげ、彼らを大喜びさせました。それもそのはず、岡山大学の漫画クラブ時代、第30回手塚賞佳作受賞者であることを後で知りました。ともかく、被災地の人々を激励する妙薬の持ち主です。

中国医学の研究のために南京中医薬大学に留学して研鑽されるなど、伝統医学の専門家として、現在は故郷の福岡で漢方医学のクリニックを開業されています。また、ミャンマーの伝統医学の育成のために奨学金を出す活動もされています。

AMDA30周年の祝賀会で私が中国の大阪総領事を紹介すると、「海のシルクロードの玄関口・九州博多にぜひお越しください」と流暢な中国語で挨拶されました。今後の活躍に大いに期待しています。

後方支援の医食同源「鳥冬うどん茶屋」

雲南地震の支援が始まり、多くの支援者が広東を訪れました。広東の事務所へも、広州地下鉄工事に参加している青木建設の技術者の家族や在広州の日本人留学生も時折参加してくれます。そんな中、東広島出身のお好み焼き屋の大将が経営する和食レストラン「鳥冬うどん茶屋」が旅の疲れを癒してくれました。また、中国残留孤児一家である石井大介、輝子兄妹が、日本への帰国準備に向け、日本での生活と言葉に慣れるために、遠路山東の柳城の農村から出て来て、レストランで研修をしていました。片言の日本語で支援者との会話が弾み、中国農村で祖母が苦労した環境から、まだ見ぬ日本への夢を描いていました。お好み焼き屋の大将とは孫ほどの年齢差です。彼らは、習いたての日本語で、貴州省水害支援の黒川医師、川上調整員、新疆ウイグル自治区アトス地震派遣の広東チームなどに料理の説明をしています。日頃の緊張感を忘れさせてくれるひとときでした。

食は広東にありの広東で、和食は日本領事館のある5つ星ホテルの花園ホテル以外はあまりない時代でした。そんな中、輝子兄妹は貴重な存在で、お客さんを日本語教師にして貪欲に学習した結果、来日してよき伴侶も見つけて家庭を築きました。

四川省チベット自治州の雪害、空輸作戦

雲南地震の経過報告と打ち合わせのために帰国し、ＡＭＤＡの中国での支援に、四川省内のチベット自治州の雪害に新たに取り組むことを決め、現地調査の受け入れ態勢が整うか、

四川省の国際友誼連絡会秘書長兼新聞弁公室の黄功元氏に確認しました。黄功元氏はあのパンダ展覧会の天満屋広島、福山受け入れの際に、苦楽を共にした仲です。しかし彼は、「カンゼ、アバはチベット族の自治州です。民族委員会と相談してご返事します。支援内容をお知らせください」と、いつになく慎重な対応で、一抹の不安がよぎりました。

しかし、2日後、受け入れ、感謝の連絡が届き、早速広島県の林誠国際課長とAMDAが協議し、広島空港から西北航空の機材で4トンの救援物資を送ることが決まりました。

盛大な見送りと記者会見を経て、林課長とAMDAの近藤氏、広島アジア学院の金原氏、オカリナ奏者の沼田鈴子氏、佐古先生の激励を受けて、一路西安へ。荷物を降ろすと、蘭州の空輸部隊へバトンを渡し、成都へ。直ちに民生庁のチベット族出身・欧長官と会見しました。長官は「遠路はるばるお越しいただき、故郷の同胞を代表して感謝します」と述べられました。そして、輸送部隊の緊急物資として空からの投下を計画していること、青海、四川の政府として全力で取り組んでいるが、4000mの山々が連なり高山病で大変困難な状況下にあると続けられました。

戦後、捕虜として残留した関西平和会の関係者と、広東省の東方賓館ホテルでお会いしたことがあります。そして、再会した八路軍の老人たちをカラオケに招待した出会いが、その後の空の仕事によい影響を与えました。敗戦後の「満州」で、破壊された飛行機の残骸を再利用した練習機を用いた訓練。中国のパイロットの養成で飯が食えるとの誘いから始まり、容易でない協力関係が築かれてきたのです。１９８４年の３０００名の青年交流の訪中の時のことでした。元捕虜と元八路軍の実に40年ぶりの再会に、もうひとつの日中関係史を見る思いがし、胸を熱くしました。参加者の中国人が「年軽的朋友来想会」を歌えるかと問うので、歌えると答えると、歌えとのリクエスト。私はよく若葉塾で練習していたので、まずまずの歌で皆さんを喜ばすことができました。

歌の内容は、20年振りに再会して、昔の夢を確認して、また10年して会おう、20年しても同じ仲間として友情を大切に―。その時の出会いが、その後の活動に大いに役立ちました。

今回の輸送部隊の調整も、老八路の老人パワーのおかげでした。そうした多くの影武者応援団に励まされて、無事に３０００mのチベットの被災者へ救援物資が届けられました。

２００７年、胡錦濤主席により、その時の３０００名の青年交流を記念した２００名の代表団による甘粛省訪問の際、歓迎挨拶をしたチベット族のオウズカオ省長（元四川民長長官）と再会しました。彼もちょうど１週間前に人事異動で着任したばかりで、最初の外国代表団との会見であったとのこと、再会をお互いに喜び合いました。救援活動は予想できないことの連続です。

「任重道遠」任重くして道遠し。呉作人中国美術協会主席のシルクロードの駱駝の隊商を描いた作品のタイトルです。

新たな挑戦、歯科医師麗江へ

三宅医師のアイデアで、麗江の巡回医療に歯科医師を派遣することになりました。善は急げ、児島湾の島津歯科医院へ伺いました。

院長である息子さんが治療中に、お父さんとお話をすることになりました。島津家は薩摩藩の末裔で、池田輝政の岡山城改修の時に派遣された大工仕事で岡山に住み着いたそうです。

お父さんは伯父の上元正勝と同じ神風特別飛行隊の生き残りで、燃料と飛行機の不足で待機するも、8月13日に順番が来て一路沖縄方面を目指して片道の旅に飛び立ったものの、敵のグラマンと遭遇し、島沿いに何とか海の中へ不時着して生き延びたといいます。仲間は全員死亡。一度だけ、岡山の飛行場から小型機で、昔不時着した島を眺めたことがあるそうで、戦友の英霊よ安らかに眠れ、生き延びた者として平和の大切さを守り続けると決意したとか。ぜひ私もお力にと、いにしえの武将・島津義久・義弘を彷彿させる男気に感じ入りました。

そこへ治療を終えた渡医師が顔を見せました。お母さん似の温和な人物で、これから激戦の歯科事業を進める猛者とは想像もできませんでした。

現地の衛生庁の承認のもと、麗江のラス郷3000人の村人の歯科検診が始まりました。メンバーは、島津医師、岡山大学口腔歯科の角南先生、同僚の安田先生と女先生、歯科衛生士2名のほか、AMDA本部近くの久世建設の久世一郎社長、機械メンテナンスの医療設備会社社長、地元放送局チーム関係者です。

こうして納西族の村の検診が始まりました。水のボトルの確保、停電に備えた発電機の準備等々、予測される事態への対処にも万全を期します。子どもたちの協力・参加を促すための歯ブラシの贈呈には村人たちも感謝し、孫たちの検診を見ていた老人が、長年我慢していたらしく、わしも診てもらいたいと昆明クラブの陳昌国際旅行社副社長に話しました。彼の奥さんは納西族で、北京外国語学院で学んだ才媛ということで、彼も地元の言葉が分かるのです。すると、島津医師のてきぱきとした処置を見ていたお年寄りたちが、われもわれもと参加して、角南先生も加わって昼食抜きの大活躍です。結局、50名近くを検診して一部を治療し、皆さん大満足でした。

その後も麗江の検診は継続し、内モンゴルの歯科検診も行ない、アジアの歯科向上に貢献しました。そして、新たな歯科の事業がカンボジアでも花開き、現地の歯科病院は注目の的になりました。

大地震の予兆

2008年5月、胡錦濤主席が来日。私は200名の老青年団を引き連れて、夜行バスで上京し、新宿駅近くのビジネスホテルに宿をとりました。歓迎会では3000名の老幹部たちと再会、その中に、麗江の納西族の女性幹部・和さんの姿を発見しました。彼女は雲南省麗江出身で、伝統的な民族衣装に身を包んでいます。麗江も観光事業で大きく変わりました、一度お越しください、ＡＭＤＡの支援には感謝していますと、元気に述べられました。

地震の翌年に、楊滋生衛生庁長官がＡＭＤＡ本部を訪問され、岡山県民、日本人の友情に謝意を表されました。早いものであれから10年以上が経っていました。

翌日の胡錦濤主席の歓迎会に朝から参加するためにホテルへ戻り、21時過ぎに風呂に入ると、大きな揺れに襲われました。飛び出してすぐ服を羽織って窓の外を見ると、7階のホテルが揺れています。テレビをつけると、東京周辺は震度4～5で津波の心配はないとのことで、少し落ち着いてビールを飲み横になりました。すると22時頃再び大きな揺れに襲われ、隣の頑丈な建物以外は荒波の小舟のように揺れて見えます。そして、3度目の揺れが23時過ぎに襲いました。連続する揺れにさすがに肝を冷やしました。

翌朝、ホテルニューオオタニの歓迎会に早めに出かけ、広島出身の白西伸一郎日中協会理事長に会費を払い休息していると、中川健三美術館長と再会し、老友としばし前夜の地震の話をしました。中国新聞の高村東京支局長はカメラを前列に据えて準備万端です。

歓迎会は盛大に執り行なわれ、胡錦濤主席の日本訪問で両国の関係修復が大いに期待されました。

その数日後、5月12日に四川省大地震が起こり、ＡＭＤＡはいち早く3つの支援策で救援活動に応えました。人民中国の劉世昭記者の協力により、李強調整員、医師、看護師が被災地へ救援医薬品を届け、巡回診療に取り組みました。また、台湾の医師団との協力など、多くの経験を積みました。

その後、四川大学防災学院と共同で、ＡＭＤＡ菅波茂代表の講演会を行ないました。そして、中国国際救援隊、広島の環境企業センタークリーナー大濱社長、水質浄化企業の大森社長、はがくれ工業の中島義明社長、山岸善忠農学博士らと、環境と震災のシンポジウムも開かれました。

その後の東日本大震災と、予期できない災害に、新たな挑戦は続きます。

「助ける命があればどこでも誰でも」を理念に、AMDAの国際医療支援は、タイ、中国、モンゴルなどに広がった。

AMDA 緊急雲害＝1996年

AMDA 四川（チベット族）緊急物資を空輸＝1996年2月

AMDA 四川救援活動で＝1996年2月26日

AMDA 内モンゴル地災支援活動

緊急雲害 AMDA＝1996年2月

四川省双副省長と（右が著者）＝1996年3月4日

タイ訪問＝12月8日

AMDA 菅波医師代表と

AMDA 清水医師

AMDA 雲南省歯科医プロジェクト

(上・下) タイ (バンコック) 文部大臣を訪問＝ 1998 年

第7章

さる・かに共和国

日本の昔話の代表的な民話のひとつ「サルカニ合戦」の里。新市町北部の山村で、菊で知られている金丸の地に、昔から伝えられる「さるヶ城」。臼原・さるヶ馬場等の地名に残る民話を今風にし、中高年が1999年6月に結成した町おこしの団体「さるかに共和国」の藤原剛大統領代行は、「自然との共生・中高年の自立と活性化」「モノづくりの町」復活を目指して、毎日曜日には「とれとれ市」で野菜・竹炭・ハチミツ・手芸品と中高年の自慢の商品・特産品づくりに精を出しています。

一方で、山の手入れをする「草刈り十字軍」（山下洪《こう》会長、会員51人）は、山形地区の出身者が現在三世帯の「村の灯を消すな。かつての村を美しく。元の屋敷の復元」の呼びかけで結成。山形地区は、かつて50軒の集落で、中世・戦国時代には山名・尼子氏の陣営があり、遠くに四国連山や福山市の日本鋼管、向島、因島と瀬戸内海が望める、いにしえのロマン漂う絶景の地。毎週日曜日には、殿山周辺・花の道・元の屋敷の草刈り・榾木《ほだぎ》作りに汗を流しています。

1999年10月から、のべ150人の参加で海抜500mの殿山にヒノキ材で3階建て8mの砦を建設し、12月26日に55名が集まり「かにヶ城展望台」と命名し、紅白の餅を配り、山頂で「のろし祭」を祝いました。

年末・年始にかけて砦は照明を取り付け、2000年を祝いました。大晦日には7名で2000年の抱負について酒を酌み交わし、大いに語りました。見学に来る人が続き、予想を超えて3日間で300人以上が訪れました。正月の4日より仕事始めで、今年度の活動方針を決めました。

①砦までの700m道路の拡張工事
②桜・梅・紅葉など植える
③100台の駐車場
④茸の公園
⑤森林ボランティア養成の森の学校
⑥花の道
⑦間伐材・竹細工の工房
⑧砦の1階を囲炉裏、2階談話室、3階星の観察と展望台の建設を目指しています。

15年前に山形を愛する葛《かずら》の会（笹山宗太郎代表）が、桜の木100本を植えたのが草刈り十字軍の源流で、その木も大きく育ち、今年も植え、数年後には「さるかに花の道フラワーロード」も点が線となってくるものと楽しみにしています。

自然との共生、里山の手入れを通して街と村の交流、森の保全を図る「のろし」になればと願っています。

やる気と元気のある人たち。草臥《くたび》れた人たちもやってこんかい。森林浴でもう一人の自分を発見する道、「さるかにロード」へみんなで来て見んさい。

グリーンニュースレター（福山グリーンリーダーズスクール）　２００６年４月23日

４月16日の日曜日、グリーンリーダーズスクールのクラブ生３名と、先生７名で、福山市新市町にある「さるかに共和国ボランティアセンター」に、今年グリーンリーダーズがみんなで協力してする農作業の下準備に行ってきました！　その時の様子をレポートします！

「さるかに共和国」って、どんなとこだろう?.?.　さぁ！　みんなで出発しんこ〜！！

自然に囲まれ、空気がと〜ってもおいしいよっ！

川の水がすご〜くキレイ。夏にはホタルがたくさんいるらしいよ〜☆

さるかに共和国（ボランティアＮＯＷ！）

ものづくりに取り組む町の底力

余った野菜対策として始まった日曜市が里山保全活動や陶芸教室へと発展

野菜、漬物、手芸品…など腕前を披露する絶好の場に

「ここまで翔んどる方がおもしれぇじゃろお。」と、官房長官の笹山徳治さん。「さるかに共和国」には、「大統領」をはじめ「官房長官」「大蔵大臣」「農林大臣」といった閣僚だけでなく、「自然大学」や「さるかに総合研究所」といったものまであるとか。活動の内容も、日曜市を開いたり、草刈りをしたり、山頂に砦を作ったり、登り窯を作ってみたりと、ちょっと聞いただけでは何をやっている団体かよくわかりませんが、とにかく「おもしろ半分にやろう」という雰囲気が伝わってきて、とても楽しそうです。

活動のきっかけは、「野菜が余って困る」「手芸品があるのだが」といった井戸端話。神石郡の野菜市に金丸地区を通って行く車を横目で見ながら、「それならここで市場を開こうや」と有志が集まって、毎週日曜日に「とれとれ市」を始めたのがきっかけとか。「新鮮さと値段はどこにも負けていない」と売り場に立つ大蔵大臣の日下文香さん。「とれとれ市」の評判は口コミで広がり、地域に定着してきました。商品も野菜だけでなく、地区の人が作った手芸品や作業着、「さるかに工房」で作った木製の本、Tシャツ、煎餅、また夏には鈴虫やカブト虫も並んでいます。現在、出荷者は60名程度、売上げは運営資金に充てる手数料15％を引いて出荷者へ。手芸品や自家製の漬物など腕前を披露する場のなかったお年寄りたちからも、自慢の品物が持ち込まれるようになりました。

「嘘の話のようですが、地区の遊んでいる田や畑が少しずつ減ってきているんです。」と、大統領の日下輝志さん。「自分が作ったものが売れることの喜び・手応えは大きかった」ようで、今では農林大臣の梅沢和志さんの指導で中国野菜を作ったり、特産品づくりを模索する機運も出始めています。ただ、そうした作業を行なう施設がないのが悩みだとか。

ボランティアグループ「草刈り十字軍」を結成

そうしたエネルギーは、地区の他の活動にも波及しました。以前は50戸だった地区北方の山形地区は現在3世帯。「荒れる山を何とかしよう。村の火を消すな。」と、昨年6月に地区出身者が呼びかけて「草刈り十字軍」が結成され、里山の保全活動への取り組みも始まりました。その作業の合間に話していた〝展望砦〟の建設話が大いに盛り上がり、地区内外の延べ150人の手伝いで、昨年末、道のない標高500mの山頂に砦を完成させ、盛り上がったエネルギーは、更に延べ200人の手伝いを得て、ついに砦まで車が通る道まで造ってしまいました。「なんでそんな子どもみたいなことを一生懸命やっとるんかねぇ」と呟いていた地区の女性陣も、完成した砦や道を見て驚いたとか。「わしらでもやればできると地区の人が思い始めている。」と官房長官の笹山さん。さらに遊歩道やキノコ園・水車小屋を造ろうという計画も進んでいます。

今年の8月には、新市町の陶芸作家の渡辺当石さんが出資し、草刈り十字軍のボランティアで、山頂の展望台付近に陶芸登り窯「猿蟹窯」を完成させました。今後は陶芸家と協同で「さるかに焼」ブランドを作ろうと、陶芸教室の開催も始まっています。こうした活動の原動力について、さるかに総合研究所代表の上田勝実さんは「ものづくりに取り組む町の底力」と強調しています。

活動希望者大歓迎！　地区外からの会員も増大

最初は、地区の人からも「３カ月も続けばええじゃろう。」と噂されていた活動も、地区の参加者が増えています。会員は１５０名とも、それ以上とも。「会費が要るわけでもないし、一緒に活動してもらったら会員」と、その辺は適当のようです。国境外（地区外）の会員も増えており、現在、ユニークな共和国のパスポートを作る準備が行なわれていました。

将来の夢について、「いずれは私達も年をとるんじゃけぇ。食事の配達とか、介護を支援するようなことも地域でできればいいなと思ってるんです。」と大蔵大臣が言えば、「海外との交流も進めたいよのぉ」と自然大学学長の天野宣彦さん。「まあ、夢よのぉ！」といって皆で笑っています。

地球環境問題と「さるかに共和国」

朝日新聞論説委員会　竹内敬二

私は1982年から2年半、福山支局で勤務しました。私にとっての備後地方のイメージは「青空」です。真っ青な空が大好きで、福山にいたときは、暇さえあれば芦田川の河原をジョギングしていました。

「さるかに共和国大統領」の笹山徳治さんとは、そのころからの知り合いです。当時から夢を語る人でした。それをいまだに語り続け、少しずつ実現しているようです。

今日のテーマは、京都議定書とさるかに共和国です。京都議定書は、97年に京都で開かれた気候変動枠組み条約の第3会締約国会議（COP3）で採択された、温暖化を防ぐための国際協定です。それと、「さるかに共和国」とはどんな関係があるのか？ありそうに思えないが、里山保全、地域再生は地球環境問題と大いに関係があるんだという話をしたいと思います。

1秒間に3人増える地球人口

では、ちょっと大きな地球規模の話から。

地球規模の環境問題は90年代に入ってとくに関心が高まりました。背景には、90年ごろに冷戦が終わったことがあります。冷戦時代にはソ連と米国が対峙していて、常に核戦争の脅威がありました。冷戦の終了で一応この恐怖が遠のいたことで、何が世界の共通の脅威かを考えたときに、地球環境問題が大きく浮上してきたわけです。

地球環境問題を考えるときに「トリレンマ」という造語がよく使われます。「トリ」は「3」の意味です。「ジ」は「2」の意味でジレンマは2つの要素がからんで「あちらを立たせばこちらが立たず」という状態を意味します。トリレンマは3つの要素が複雑にからみあった状態だと考えればいいでしょう。

その3つは人口爆発、化石燃料の枯渇、地球環境の悪化です。つまり、人口が増えれば燃料もたくさん使う、燃料をたくさん使えば地球環境も悪化する、温暖化も起きる。そういう関係にあります。

地球の人口はいま61億人です。中国は13億人います。中国は人口を抑制するために一人っ子政策をとっていますが、男の子が欲しい農村ではこの方針に従わない人が多くいるので、届け出のない子供が数百万人もいるのではといわれています。

地球人口は急激に増えています。1900年の人口は約16億人だったといわれています。60年後の1960年に倍の32億になり、40年後でまた倍近くになったわけです。地球の人口は1秒間に3人の割合で増えています。半年でフランス1国分、一年で日本1

つ分に近い数が増えるのだから大変です。

今日本では女の人が一生に生む子供の数が１・４人ほどになって「人口が減る。超高齢化社会が来る」と大騒ぎになっていますが、途上国では大きく増えているのです。日本だって昭和元年（１９２５年）ごろは、女の人は平均で約５人も産んでいたのです。

ただ、地球人口はどこでも増えるわけではなく、いつかピークを迎えて減り始めると考えられていて、ピークは２０５０年ごろ、90億人ぐらいとみられています。

なぜこんなに増えるのか。産むから増えるというより生まれても死なないから増えるんですね。人間というのは、生物学的には2、3年に一人ずつ子どもを産むことができます。昔はどんどん生まれてどんどん死んでいたのでしょう。

しかし、今は食べ物もよくなった。医者もいるので死ななくなった。文明で生活がよくなったことで人口が増え、人類全体を脅かしているのです。増えた人間がたくさんのエネルギーを使います。文明が発達すれば当然のことです。私たちはどの程度のエネルギーを使っているのでしょう。

必要量の55倍のエネルギーを使う

野生動物が使うエネルギーは「えさ」だけです。それを体内に入れ、体内で燃やして活動のエネルギーに使っています。えさ以外は使わない。服も着ないし、ストーブも使いません。

人間が食事で得るエネルギーの必要量は一日に2000キロカロリーほどです。これが生物的必要量です。しかし、使うエネルギーはそれだけではありません。電気やガスを使うだけでなく、車を使うし、車やその他のモノをつくることや社会を動かすすべてにエネルギーが必要です。日本人の場合、その量は大体、生物的必要量の55倍ほどになります。これは1日12リットルほどの石油を燃やすのと同じエネルギー量です。

問題は、このエネルギーをどこから手に入れているのかということです。今は石油を中心とした化石燃料です。昔は自然から得ていました。その典型が江戸時代の日本です。高い文明を誇ったのに、エネルギー的には自然の恵み、太陽の恵みを中心とした循環型社会でした。

日本文化は木と紙の文化ともいわれます。太陽と水があれば、空気中の二酸化炭素によって植物が育ちます。稲や野菜ができます。木は建築資材、燃料、紙になります。農作業も馬や牛をあまり使わず、人力でやっていました。今のように、土に戻らないプラスチックをつくってすぐに捨てるというようなことはしない。紙くず屋がいたし、ろうそくの滴を集める商売もあった。下肥も肥料としての価値がありました。貧乏人のものより金持ちの方が高い。いいものを食っているからです。最も高いのが大奥のトイレだったとか。こういう社会は、今から考えると不便極まりないでしょうが、地球環境問題は起こりません。

江戸時代のような生活をしていれば資源がなくなるということはありません。しかし、石油の埋蔵量は大体決まっています。今のような調子で使っていれば、あと40年でなくなるとしばしばいわれます。今分かっている埋蔵量を、世界の年間使用量で割ると40年しかない、ということです。

実は、「あと40年しかもたない」ということは、10年も20年も前から言われていますが、まだなくなりそうにありません。新しい埋蔵が次々に発見されているからです。もっと採掘にお金をかければ、深い場所の石油、砂の中に石油が混じっているタールサンドなども使えます。天然ガスはもっとあります。石炭はいっぱいあって300年分くらいあります。

とはいっても、「心配しなくてもいい」とはなりません。化石燃料は使えば減るし、どんどん使っていたら、温暖化が起きてしまいます。つまり、資源の枯渇の前に地球環境がだめになってしまうのです。

京都議定書は小さな一歩

現代のような化石燃料を中心としたエネルギーの大量消費を続けていたらいつかだめになるとは、だれもが気づき始めていました。しかし、解決策を見いだせない状態が続いていました。

　ただ解決のカギをにぎる言葉が80年代にできました。「持続可能な発展」「持続可能な社会」という言葉です。持続可能とは「将来の世代のニーズ（必要なもの）を満たす能力を損なうことなく現代の世代のニーズを満たすこと」という意味です。我々は目の前のごちそうを食べ散らかすのではなく、孫や子が必要とするものを残さなければならないということです。

　この意味はよく分かります。これからの生活の仕方を示す哲学でしょう。だけど、では何をどうすればいいか。地球環境問題を持続可能性から考えたとき何が一番大きな問題かいうと、温暖化だと分かりました。そこで80年代の終わりから、世界を上げての温暖化への取り組みが始まりました。

　実は「温暖化」というのは柔らかすぎて適当な言葉ではありません。気候が温暖であるというのはイメージのいい言葉です。本当の意味は「地球の異常気象化」でしょう。砂漠はより砂漠化し、一方で雨はドカ降りが多くなり洪水が多発します。

　今の計算では100年後には3度あるいは4度、ひどいシナリオでは5・8度も地球の平均気温が上昇するとなっています。平均で5・8度というのは大変です。均等に暖かくなるわけではなく、緯度の高い方が大きく上がるので、シベリアなどは10度も上がります。何もかも変わってしまいます。

日本で考えると、平均気温の1度上昇は、ある場所が南へ150キロも移動することに匹敵します。3度上がれば東京は今の鹿児島よりも南になります。

そこで92年に、みんなで化石燃料を減らそうという「気候変動枠組み条約」ができました。その中には、先進国は二酸化炭素などの温室効果ガスを2000年には90年レベルに戻す「努力目標」が盛り込まれています。しかし、努力目標ではだれも守りません。そこで97年に京都議定書をつくったのです。今度は努力目標ではなく「約束」を課しました。削減目標を守らなければ罰則のある約束です。

京都議定書にはいくつかの特徴があります。まず、先進国だけが温室効果ガスを削減する。つぎに削減目標が各国ごとにあります。先進国全体で5%の削減が目標ですが、日本は当面6%の削減です。米国は7%、欧州連合は8%です。オーストラリアなど減らすのが難しい国は少し増やしてもいい、となっています。

途上国の削減は将来のことになりますが、それに必要な技術や資金はできるだけ先進国が援助するとなっています。途上国はこれから発展しなければならないのだから、こうした仕組みは必要でしょう。

とにかく先進国に目標を課したことは非常に大きな進展ですが、ここに来て、アメリカが変なわがままを言い始めました。京都議定書は嫌いだから離脱する、というのです。米国の言い分というのは、中国など排出量が多い途上国が削減目標を持たないので、自分たちだけが努力すると産業の国際競争で損をする、あるいは、まだ温暖化には科学的に不確実な点が多いのだから今必死でやらなくてもいい、といったものです。

これは古い話です。そういう話は10年間の交渉の過程で何度も何度も話しあってきて、科学者も研究を進めてきて、その結果として京都議定書の約束が出来上がり、決まったわけです。それを今になって蒸し返しています。

米国の離脱は各国の世論から大変非難されていたんですが、ニューヨークの同時多発テロで少しおかしくなりました。米国を非難するのを控える空気があります。当面は米国ぬきで京都議定書を動かしていって、米国内の世論がその間違いに気づくのを待つしかないでしょう。

森はエネルギーを生み出す

温暖化を起こす主犯は二酸化炭素です。石油、ガス、石炭など化石燃料を燃やすことで排出されます。それが大気中にたまることで地球の熱が外に逃げにくくなる。ちょうど野菜などをつくる温室のようになって地表の気温があがるので「温室効果」と呼ばれます。

人類は長い間、燃料に木を使ってきました。木を燃やしても二酸化炭素はでます。しかし、森があまり減らなければ木を燃やすことで温暖化は起こりません。石炭を大量に使い始めた18世紀末の産業革命までは大気中の二酸化炭素濃度は一定でした。

木は年々大きくなります。いつか倒れて腐ります。そのとき二酸化炭素がでます。燃やすと一気に出ますが、腐食でもゆっくり出ます。その二酸化炭素をつかって植物は光合成（炭酸同化作用）を起こします。自分が腐ったり燃えたりすることで次の時代の木を育てているのです。

そのバランスが崩れてしまったのです。人間は地表に生えている木を燃やすだけでは物足りなくなり、地下に眠っていた化石燃料を掘り出して燃やすようになったからです。おまけに森林をどんどん減らしていきました。それで木や海が吸収する能力を大きく超える二酸化炭素が排出されるようになったわけです。

吸収能力をどのくらい超えているのか。大ざっぱに言って化石燃料から出る二酸化炭素の半分が吸収されずに大気中にたまり続けています。吸収能力の2倍を出しているのです。だから本当に温暖化を防ごうと思えば、すぐに化石燃料の消費を半分にする必要があります。まあ、これは急には無理なので、取りあえず「先進国全体で5％削減」という大変に控えめな目標でスタートすることになったのです。これでも途上国を含めた世界全体ではまだ増えつづけます。京都議定書は最初の最初の一歩です。

温暖化を防ぐ中で森林はどんな意味をもっているか。さきほど木を燃やすのは問題ないと言いました。これが大変重要です。森を減らさず、年々育つ分だけ木を燃やす、あるいはさまざまな用途に利用すれば、温暖化を起こさずにエネルギーを利用できるのです。木を燃料に使うものをバイオマス・エネルギーといいます。すでにスウェーデンなどではかなりの量ですが、日本はほとんどゼロの状態です。国土面積の3分の2が森林で、森との関わりが強い農耕文明を作り上げてきたこの国が、エネルギーといえば海外から輸入する化石燃料ばかりに頼っているのです。

東北地方の農村、山村に行くと、家の横に大きな灯油タンクが座っています。冬の暖房用です。灯油ではなく、なぜ、木くずからつくるチップを使うストーブを使わないのでしょうか。木くず燃料を使う仕組みをつくれば、山は新たな貨幣価値を生むのですが。

豊かな自然と日本文化

さらにいえば森林は燃やすためだけにあるのではありません。環境保全に役立ち、動物を育て、川の水をきれいにし、保水力を高めて災害防止にも役立ちます。こうした役割は「公益性」といいます。そしてなにより、人間は本当は森や水田が近くにある生活が好きなのです。そんな森林が、「金をもうけない」という理由だけで、放置され、衰退しているのです。

京都議定書は、温暖化を防ぐという直接的な目的だけでなく、現代の私たちの生活を見直すきっかけを与えてくれました。その中で森林の価値を見直し、新しい価値も教えてくれました。

歴史を振り返ってみると、森を粗末に扱う文明は長続きしません。南米チリ沖の南太平洋にイースター島があります。そこには「モアイ」という巨大な石像があります。私は子どものころ、「あの石像は宇宙人がつくった」という本を読んで興奮していました。島にはほとんど人が住んでいないので、あんな石像ができたのはナゾだという話です。

実は簡単な話です。昔は豊かな島で人もいっぱい住んでいて、宇宙人ではなく、住民が石像をつくったのです。しかし、島の森を全部切ってしまって今では人が住めない島になってしまったのです。

欧州もそうです。2000年前のギリシャ文明のころ、ギリシャは緑に覆われた国でした。しかし、全部切って今は裸の山です。ドイツなどにある立派な森も一度は裸になったあと人間が作り直したものなのです。

欧州の土地は生産性が低くて昔から大変苦労してきました。例えば10世紀ころにはヨーロッパの小麦の収穫率は2から3倍でした。つまり1粒播いて2粒か3粒しかできない。その後、三歩制ができて少し上がりました。小麦は連作に弱いので土地を三つに分けて、1つは春播き、1つは秋播き、もう1つは休耕田にするわけです。つまり土地の3分の2だけ使う。この制度で収穫率はやっと4倍になりました。

日本の稲作はそのころゆうに収穫率は10倍を超えていました。水田では連作の問題は起きません。今はどの程度の収穫率でしょうか。籾5キロほどで1反（10アール）の田植え用の苗をつくることができるそうです。それで収穫は8俵から10俵です。10俵はほぼ600キロですから100倍以上ですね。1反で10俵は1畝で1俵です。これくらいの収穫を上げる人を畝俵《せびょう》というそうです。江戸時代の後期から明治時代にかけては、すでにこの半分くらいの生産性があったともいわれます。要するに、ヨーロッパとは比べものにならないくらい生産性が高かったわけです。

動物性たんぱくは、主に魚から採っていました。なぜ牛の肥育をやらなかったのかはよく分かりません。殺生を嫌う仏教のせいなのか、それは後からの知恵なのかはわかりませんが、穀物中心の食料生産が効率的だったことは確かです。牛肉1キロを生産するためには12キロの穀物、植物が必要だといわれます。草や穀物で牛を育ててから肉を食べるよりも草や穀物を食べた方が圧倒的にたくさん食べられるわけです。それで足りない分は海や川から採る。

日本人の農耕文化はこうした賢い選択でした。里山も重要な生産の場所でした。こんにゃく、ゴボウ、野菜、蕎麦、栗、柿などができます。

植林した森を棄てる時代

そういう自然と一体化した生活が今崩れてしまっているのです。お年寄りの人は覚えていらっしゃるかも知れませんが、戦後の復興時には、木材が奪い合いになりました。そこで日本人は「やはり山を大事にしなければならない。植林は子や孫の世代を助ける」と思いました。どんどん植えました。日本の森林面積は２５００万ヘクタールですが、植林面積は１０００万ヘクタールくらいあります。４割です。植林のピークは30年ほど前です。その木がそろそろ使える時期になっているのです。

こういう計算ができます。木が成長するのに50年かかり、利用したあと順繰りに再植林をすれば理想的です。造林面積１０００万ヘクタールを50年で割ると20万ヘクタール。毎年これだけの木材を利用し、そこに再植林を繰り返せば理想的です。

しかし、実際は伐採して再び植林している面積は２万ヘクタール以下です。10分の１以下なのです。日本の森が抱える問題を如実に示している数字です。山を整備してももうからない。手間賃も出ない。だから山が荒れる、木も弱る。

理由は外材です。木材の不足から日本は昭和31年に大規模な木材輸入に踏み切りました。以後、輸入はどんどん増えて国産材の利用が減り、いまでは国産材の利用率は19％です。

これを何とか増やさないと日本の山は生き返りません。もちろん日本全体で見ると車などを世界に売っているわけですから、コストの安い一次産品、つまり食料や木材の輸入を勝手に制限するわけにはいきません。難しい問題ですが、それにしても、もう少し工夫すれば国産材の利用を増やす方法もあるのではと思います。

京都議定書を思い出していただきたいと思います。議定書には目標を達成しやすくするための仕組みもいくつかあります。その1つが、森林が二酸化炭素を吸収する量をカウントできるというものです。多くの森林をもっていれば、それだけたくさん化石燃料を使ってもいいということです。日本の温室効果ガス排出の全量を100とすれば森林吸収分は3・7%あります。日本の削減目標は6%ですから、この値はかなり大きい。これも森林の新しい価値です。

こうなって日本政府はがぜん喜んでおります。この分、石油を多く使えるんだと。私は少し違うと思います。確かに森林は京都議定書の目標達成に役立ちますが、京都議定書のためだけに森林があってはならないのです。森は生きています。ただ守るのではなく、利用してこそ、大きく育ててこそ森の価値は生きていくのです。

経済学に「共有地の悲劇」という言葉があります。共有地に木があればみんな勝手に切ってしまう。早い者勝ちですから。そうやってどんどん木が減って結局だれもが困るという意味です。木がなくなれば困ることは分かっているのだけれども切ってしまう力が働くという話です。でも日本はそうじゃなかった。入会地と呼ばれる共有地を昔からちゃんとコントロールしながらみんなで管理し、輪番のように場所を変えて木を切り使ってきた。こういう大きな知恵の歴史があります。

地域の持続可能性の追求を

この森を大事にする伝統を生かして森を再生することができないかと私は思います。国産材をもっと使う工夫も要ります。環境を守る、温暖化防止に役立つといった新しい価値も評価して森の再生方法を考えるのです。

どんな使い方があるのでしょうか。「持続可能」という言葉を思い出して下さい。これは地球全体で使われることが多い言葉ですが、地球の環境も持続可能的に使われなければならないと思います。

戦後の開発はそうではありませんでした。大きな資本をどこからか持ってきて、地域をがらりと変えてしまって、経済的価値があるという近代的な新しいものをつくってしまう「外来型の公共事業」です。ある程度は必要だったでしょう。しかし、がらりと変えるということはもとの価値、何百年も持続的に利用してきた価値をなくしてしまう危険性もあるわけです。

福山市南の箕島埋め立て地を考えて下さい。工業団地という新しい価値をつくったつもりでした。そこはまだからっぽです。私が取材していた20年前もからっぽでした。芦田川の河口湖は工業団地への水を供給するものでした。これも無駄だったのではないでしょうか。全国には空き地のままの埋め立て地がたくさんあります。時代を見誤り、巨額の投資をしたのだけれど何の役にも立たないものを残すだけになったのです。

箕島では、浅瀬、干潟という海の価値も消えてしまった。浅い海は貝が多く採れるだけでなく、魚の産卵場所であり、海を浄化する場所です。こうした昔の価値をまた生かして海を使おうとしてもできないわけです。

埋め立て地をつくる、ゴルフ場をつくる、宅地開発をする。これらが失敗するとゼロではなく、もとの価値まで失うマイナスの行為になってしまいます。今全国でその負の遺産が見られます。

今は高度成長の時代ではありません。ですから、これから地域の再生を考える場合、地域の特徴や利点をうまく生かすという視点が必要です。地域の自然環境などからかけ離れた形での開発は長続きしないし、失敗したときに取り返しがつきません。

「地域環境の持続可能性」「環境再生」「故郷再生」、これらがこれからの地域活性化のキーワードだと思います。

さるかに共和国の新しい挑戦

この意味で「さるかに共和国」のみなさんがやっていることは大変おもしろく、新しい挑戦ではないかと思っています。

私は「さるかに共和国」の山をぐるりと回ってきました。そこは昔の街道筋にもあたり、山だけで多くの集落を支えてきました。交通の要所とはいえ、林業、農業など山が多くの人たちの生活を支えるだけの生活性をもっていた場所です。谷筋にあった棚田には草が生い茂り、かつて斜面にあった畑も植林でつぶれていました。

もちろん今はそれを元に戻しても多くの現金収入は期待できません。共和国の人たちが山を再生させたいと思っているのは、収入ではなく、山の価値、すばらしさを取り戻したいと思う直感からでしょう。地元の人たちが多く参加して道をつくり、「さるかに合戦」の昔話の場所を掘り起こして関所や水車をつくり、備前焼の窯をつくり、廃屋に手を入れて宿にすることで、この場所を知らない人も山に入っていくきっかけをつくろうとしています。かつての畑での薬草づくりの計画も進んでいると聞いています。

共和国のみなさんを動かしているのは何でしょうか。あんなに生産性の高い、価値のある素晴らしい場所をほおっておくべきではない、という気持ちなのだと思います。あの場所はかつては大きな集落を支えるだけの生産性があったのに、ただ現代的な貨幣価値を生まないから、近くにいい職場がないからという理由で棄てられ、家はつぶれかけている。だけど、気候はいいし、木も竹もいっぱいある。何とかすれば何とかなるんじゃないか。そう思っているのではないでしょうか。

私は、その心意気に共鳴します。熱い心を感じます。それを感じるからこそ、全国の人たちがここにボランティアとして集まるのではないでしょうか。ここにくると楽しい気分になるのです。これは大きな宝です。地域再生のエネルギーはその土地の人達の熱気です。山で汗をかいて働くことは本来楽しいことです。人間は自然の中にいること、自然の中で働くことが大好きなんです。それを感じたいという人が集まってきています。

かといって、それだけでは話は前へ進みません。これから、さるかに共和国が大きくなって自立し、地元の人たちに少しでもお金を落とし、地元の人にも外の人たちに楽しい気分を与え続けることができるかどうか。これをきちんと考えるべきでしょう。

第2のふるさとをつくる

さるかに共和国の資産は「知恵」でしょう。地元のさまざまな職業をもつ人、プロフェッショナルが集まっている。全国の森林ボランティアなど外のプロフェッショナルも支えてくれている。地元の新聞や行政も関心を示している。この力をうまく生かすことです。

ないものは何でしょうか。それはお金です。大事なことです。たいていの地域再生運動は首が回らなくなって疲れ果て、勢いがなくなります。

いま地元の野菜などを売る市「とれとれ市」を週に一回開いています。これを宣伝して大きくして周辺地域で有名な朝市にするのも有望です。「来週には○○が出ます」というチラシを置くだけでも効果があるでしょう。山の利用も一案です。薬草園は魅力的

さるかに共和国草刈十字軍による日中友好緑化植樹＝2001年6月18日

さるかに共和国草刈十字軍

1996年6月に結成した町おこし団体「さるかに共和国」は、ものづくり、イベントなど多彩な活動で地域を元気にした。

さるかに共和国草刈十字軍

さるかに自然大学サマーキャンプ

さるかに共和国かにヶ城展望台

さるかに釜で焼き物づくり

さるかに工房づくり

さるかにとりでの建設

さるかに釜で焼き物づくり

さるかにキャンプ。子どもによる田植えで農業体験

（上・下）さるかに市場＝1993年10月

です。蕎麦、シイタケや伝統的な作物は新しい価値をもってきています。

ただ、ものを売るだけではなく、新しい時代の魅力が必要です。山を森林ボランティアの訓練施設などに使えないかと思います。こうした質の高い目標をつくることでこそ、共和国の場で新しい出会いが増え、地元の人たちの元気が続くと思います。県などの行政との連係が必要です。国や県や財団などには、森林保護にお金を使いたがっているところも多いのですから、関係者に納得してもらえる熱意としっかりした事務局体制をつくれば、飛躍も難しくないと思います。

もっとも大事なのは、共和国が外の人にとって「楽しい場所」であり続けることです。山で遊べる、働ける、人と会えるという共和国の魅力が続けば、地元の人にとっても、外の人にとっても「やる気」が再生産されるでしょう。

さるかに共和国の運動は地域生産ですが、「新しい地域づくり」でもあると思います。よその場所で生まれた人、都会で生まれた人にとって、ここが「故郷」になればいいのです。自然の中で時間を過ごしたり、自分の力のいくらかを役立てる充足感を感じたり、友達に会えたりする場所であれば、そこは故郷になるでしょう。実際、そんな雰囲気の人に何人も会いました。

ここまで、地球の環境問題から、京都議定書、さるかに共和国までの関係を話してきました。今は森の価値が再認識されている時代であること、しかし、日本の森はあまり大事にされていないこと、森を守り、森と人間との関係を守るには、地域の特徴を生かした地域の再生が必要なことを話して来ました。

地域を守り再生させることは地球環境を守ることでもあります。というか、地球環境を守る運動を虫眼鏡でみれば、こうした地域ごとの取り組みでしかないのです。

その意味で、さるかに共和国の試みは小さいけれど、新しく、おもしろいものです。事務局体制をきちんとして、行政との協力をもっと積極的に模索して、あまり無理のない形で共和国を大きくする工夫をすればいいと思います。熱気が全国の人たちを引きつけ、その人たちのエネルギーと知恵を吸収して大きくなっていくことを期待します。

善意を交換する地域通貨を

今後のことで一つだけ提案したいのは、地域通貨の導入です。地域通貨は「現代の藩札」といわれる、ある地域、ある集団だけに使われる「お金のようなもの」です。１００人から数百人の集団で、自分たちの善意を交換する制度です。

例えば、ある家ではおばあさんが一人暮らしで、出歩く足がない。買い物に行くときは、車を持っている近所のお兄ちゃんに乗せていってもらう。この手助けに対して、おばあさんはお兄ちゃんに、本当のお金ではなく、自分たちでつくったある単位のカードを渡す。お兄ちゃんは、それで今度は農繁期に手助けを頼んだときに相手に渡す。こうして自分のできること、して欲しいことをカードで交換していくのです。普通の生活ではお金になりそうでならない部分をカードを媒体にして交換するのです。

だれでも得意なこと、助けて欲しいことがあります。何人かが集まってできること、して欲しいことを登録しておきます。私は下刈りができる、勉強を教えることができる、車で誰かをつれていくことができる。逆に、野球を教えて欲しい、農繁期に手伝って欲しい、昔話をして欲しい。こうした依頼の受け渡しで地球通貨を交換するのです。

例えば、さるかに共和国が中心になって「1カニー」「2カニー」という通貨を発行しておいて、グループの中で回します。商店もグループに入れば、たまったカードを買い物券として使える仕組みもできるでしょう。

この地域通貨の歴史は古く、世界中にいろんな形のものがあります。外国では給料の半分を地域通貨で払うところもあるそうです。日本でも数十カ所くらいあるでしょう。

これのいいところは、お金を媒介せず、ちょっとしたことが頼みやすいことです。若い人とお年寄りとかが、できることを補いあっての生活ができます。ここでは「話し相手になれる」も立派に役立ちます。どんな仕事がいくらになるかは中心になっている人が「これくらい」と決めます。地域通貨を使う人はお互い顔を知る人たちですから、あまりトラブルはありません。

私は、地域通貨は、そこに住む人の能力と善意を効率的に結びつける意味で、過疎地や地域再生に適した道具だと思います。

　昔の話ですが、江戸時代を通じて全国の藩の8割、２４４藩が藩札を発行しました。幕府、つまり中央政府が発行する金貨や銀貨の量が経済活動の規模に比べて少なすぎたことがその背景にありますが、結局は失敗しました。しばらくはいいのですが、藩の財政がひっ迫すると、ついついお札の増刷に走るからです。それでインフレになって、札の信用が落ちてしまうのです。

　でも、２４４藩のうち、２つの藩だけがインフレを起こさなかったといいます。その１つがここ福山藩なのです。この地域は地域通貨を賢く使う歴史があるのです。うまく地域通貨を導入すれば、ここに住む人も住まない人も、善意の交換と蓄積ができるのではないかと思います。

　話は以上です。地域の特徴を生かした環境と生活力の再生が、その地域だけでなく、地球の環境を守ることにつながっているということ、さるかに共和国はかなり「いい線いっている」試みではないか、というのが私の話の結論です。

（２００１年10月の講演を一部手直ししたものです）

「グローカルなアジアとさるかに」

田中伸武（新聞記者・広島県安芸郡）

広大なアジア大陸と、身近な福山市新市町を同時にフィールドとして活動する笹山徳治さんには、いつも感服だ。突然、中国や東南アジアの要人や芸術家を連れてきたり、いつの間にか地震被災地や戦争被災地へ飛んでいったり…。新市町の「さるかに共和国」では、山頂に砦を設け、農産物や木工品を加工して売り出す。還暦を過ぎても休まる時はない。

いったいこのエネルギーはどこから、そして人脈はどうやって広がるのか？「組織や肩書きじゃない。人間として信用されればいいんだよ。のぶさん」。あたり前だと言わんばかりの答えが返ってくる。しかし、人間を人間として見て、つながりを構築するのは難しい。それができるのは、国家思想は別として、かつての「大陸浪人」そのもののではないか。

30年前、新聞記者駆け出しだった私は、たまたま中国の子ども訪問団を取材した。その時の世話役が笹山さんだった。以来、何かと声をかけてもらう。新市町の山頂砦から見下ろした街道は、笹山さんの解説によって戦国から江戸時代の歴史絵巻が展開した。

東京ではたまたま四川省の訪問団と一緒に国会議事堂を見学し、文字通り国際学習となった。笹山さんと話すと、歴史も国境も超えた世界が広がる。さるかに共和国は、人間と動物の垣根すら超えている。

国際交流、町おこし、自然保護、青少年育成…幅広い活動の底に流れているのは、人間として当たり前に生きることの賛歌だろう。それが損なわれる戦争や災厄が発生すると、いたたまれなくなる笹山さん。私たちが見失う人間本来の生き方を、当たり前の顔をして実践してくれる。

村おこし選挙に立候補

曹先生と楽しく野菜の収穫に励んでいた父宗太郎が、冬の大雪で体調を崩して入院し、母と交代で看病することになりました。「親父の元気なうちに家を新築してやろう」弟たち、とりわけ三男の優治の強い提案で、市場の多くの関係者の支援によって新しい家が完成しました。父はもちろん、母も大喜びです。今まで冬の雪に閉じ込められて病院へ行けずに病状が進んだこともあり、これで病院へ行きやすくなると皆一安心です。

そんな時、父が「田舎でも国際交流の仕事はやれると思うで」と一言。今まで内モンゴル自治区布主席の嫁ウリナ医師の日本語学習、彫刻家曹崇恩夫妻、莫少其広東省人民病院医師、金海如内蒙古人民政府秘書長、タイのイエム将軍とその家族、パニト学長と、数え切れないほどの客人を接待してきました。一方、広東、四川へ渡壁金次郎、大楽華雪、文化代表団での訪中、ウリナ、チムコ医師との広東での出会い、AMDA支援の影武者としての参加……「分かった、考える」父の言葉に、それ以上言葉が出てきませんでした。こうして時間と経費の有効活用にと、一部の作業を田舎でも始めました。

そんな中、1999年の暮、長老の坂本勇氏や梅沢和士氏が「地元の選挙に誰も出ないのか？　皆、元気がないのう」と雑談しているところに出くわし、「徳さん、おみゃあ元気を出さんか？」と冗談口調で話しかけてきました。そして、年が明けても誰も出ないので、わが家の相談役である日下輝志・文香夫妻になんとなく切り出すと、「そりゃ面白い、元気を出しや。外を見てきた者が町を変えないと遅れるでえ」。強力な応援団長の登場です。告示2週間前に、福島英雄、坂本勇、日下輝志の各氏を中心に後援会を結成して動き始めました。それから、同級生たちも話を聞きつけて来てくれました。そして、町の郵便配達の名物男・梅沢さんが町内を挨拶回りに連れ出してくれました。

「梅沢さん、あんたが出るんか？」

「それがのう、宗太郎さんの息子が先に手を挙げたでよ」

「この人が宗さんの長男か？　宗さんが話しとった、高校の先生をしょうる」

親戚の宮川俊一叔父が父親代わりになって親戚を取りまとめ、宮本規登、宮本清、只重卓男がいとこをまとめてようやく態勢が整いました。

こうしてようやく選挙戦が始まりました。そして、最後の議席を取れるかとの大方の予想を覆し、18人中10位当選を果たすことができました。これもひとえに、地元関係者の方々のお骨折りと、「北部に代表を」の呼びかけが老人パワーを呼び起こした結果です。

1999年6月にさるかに民話の村おこしとしてさるかに共和国を建国し、螢祭りや地産地消の日曜とれ市場を開設しました。福山市の商工会の空き店舗活用の呼びかけにこたえて本通り商店街に毎週土曜市を開くことにしたのです。また、地元備後一ノ宮の秋の大祭など各種イベントに参加し、さるかにの里から特産品を出品しました。こうしたパワーに支えられ、山猿の議会への挑戦を、多くの地元支援者の力で送り出していただいたのでした。

私は「仕事派議員」として、地元の民話を今に生かす「地元学」を提唱し、荒れる里山への挑戦、芸術家の村おこし、普段着の国際交流に努めました。

さるかにの秋祭り・芸術祭

2002年にはジョン万次郎とホイットフィールド船長の友情の草の根日米交流100名のアメリカ・シアトル少女合唱団を受け入れ、ホームステイ、演奏会、中学生の歓迎会など、

3日間の新市町内での出会い「さるかにの秋祭り・芸術祭」を、同僚議員の児玉文男、谷田勝利、平田博雄先輩の協力を得て実現しました。そして、ホームステイの家族、さるかに関係者、東京から来た中央大学、早稲田大学、一橋大学のISEP、森祐次先生のボランティアたちと、高校の恩師・藤原芳山、千葉ゆうけい、児玉先生、中学の恩師・歌人の川本麗子と地元の芸術家の参加で、山形での自然大学、記念植樹、渡辺和司さるかに焼き工房の火入れ式、小田愛子の草木染め、井村京子の草木染め体験教室、滝口誠のさるかに魔術師、伊豆田雪岳の記念の書道と、中身のある交流になりました。そして、最後に草刈十字軍の準備した栗や桜など100本を共同作業で植えました。

さるかにの里山にありながら、胸に祖国日本を想い、眼は世界に。相互扶助の村おこしの幕が切って落とされました。

それから、築500年のわが家を、飯田豊年棟梁の指導で、宮川叔父、徳山秀幸が参加して改装し、イギリスの森林専門家や九州大学、東京農大などからの旅人を受け入れました。

荒れる里山の守護神、5つの猿像

1999年1月の村おこし選挙に挑戦する際、さるかに民話の村おこしに、何をキーワードにするか思案し、同級生の藤原剛第2代大統領と議論して決めたのが「自立、共生、平和」

の3本の矢。そして、地元の特産品を販売できる即売所を開設し、年金収入にプラスになり、毎週集まれるサロン的な市場にしようと、企業経営の経験者である日下輝志第3代大統領、文香大蔵大臣と相談しました。また、神石高原の浅利日出子さんに市場の運営をお願いし、他の市場の調査には藤坂初代大統領も加わり、基本方針が決められました。

市場の名称は、子どもの頃から祖父・只重譲助、叔父の宮川俊一、親戚の前金登芽一、藤尾郵便局長らから聞かされた猪猟師の話・さるかに合戦の民話からつけました。その話は世間に流布している話と少し異なり、手を合わせて助けを求めた猿の母子を殺してしまった猟師が、その後、猪に追撃されて亡くなるという因果応報の物語です。

以来、さるかに共和国は「自立、共生、平和」の地域社会の実現を基本理念に、「地産地消」の土曜、日曜市の運営から17年が経過し、現在も親から子へと世代交代しながら、皆で元気に継続しています。

一方、荒れる里山はどこでも見られる状況で、森林の活用がなされていません。そこで、さるかにの村おこしのシンボルとして、猿の守護神をアートで表現できないかという話になり、日光東照宮の左甚五郎作といわれる「見ざる聞かざる言わざる」のレリーフにヒントを得た猿像を、第4代大統領・内田吉章先生の設計、デザインでさるかに工房が制作することになりました。大工の飯田豊年、左官の森下文男建設大臣、藤原剛、宮川、永久、鉾先一司、重西、豊田楠、高坂、叔母の大原よし子らも、それぞれ自分流儀に参加して完成させました。

モルタルセメント製200キロの猿像の移動は、永久公也氏と徳山俊二助手の手でなされました。山の岩をうまく利用した「よく見る猿」「よく聞く猿」「よく話す猿」「よく招く猿」「よくやる猿」の5体の猿の野外オブジェが、もうひとりの自分探しの道「さるかにシルクロード」で客人を待ち受けています。

安心・豊かなふるさとを あなたと 創ろう!!

ささやま
徳治 とくじ

人間の生活は
自然の営みから
切り離すことは
できません

次の世代の子どもたちに
夢を育む環境を残すため
地球環境に優しい
ライフスタイルを！

ささ山とくじの「三本の矢」政策

自立　できる備後福山地域をめざし、次世代に夢のもてる産業育成をすすめます。

共生　を目標に、中高齢者の輝くまちをめざします。

平和　をつむぎ、アジア各国との草の根交流、福山の活性化をはかります。 URL:http://sasatoku.web.fc2.com/

（切り取り）

ささやま徳治《とくじ》
後援会入会申込書

ご紹介者	お名前			
	ご住所		電話番号	

お名前	続柄	ご住所	電話番号

（後援会規約）

さるかに共和国「猿の守護神」

さるかに共和国は、自然との共生、近隣諸国から信頼され、期待される日本をめざす。

講演会事務所開き

さるかに水遊館
＝1993年

さるかにとれとれ市場で力士を囲んで＝2011年12月

最終章

未完の旅路

海上保安庁・中国交通部の海を越えた出会い

海のシルクロードが争いの道にされる報道が多く聞こえる中で、今まで私が関わってきたことどもを公開して、反面教師にしていただければ幸いです。

かつて、国産旅客機YS11を2機広東省に贈呈する時、広東の経済協力会の朱森林省長の招請で、後藤田正晴元内閣官房長官の代表団を東方賓館で歓迎する会に参加したことがあります。阿波踊りの威勢のいい掛け声を先頭に、日本エアシステム、東急グループの企業視察団、地元徳島の200名の参加者とともに、後藤田正晴日中友好会館館長が会場に現れました。

朱森林省長の歓迎と感謝の挨拶の後、壇上に立った眼光鋭い後藤田氏が、開口一番話した言葉が印象的で、今にも記憶に残っています。

「私のような官僚の情報を鵜呑みにせずに、一度疑い、判断することが大切だ。自分は、日本の敗戦間近、台湾から大本営の会議に招集されて一時帰国する際に、飛行機で沖縄付近の島沿いに北上せよとの指示に従わず、中国の沿岸を飛行して帰国したために九死に一生を得た。指示どおり帰路に着いた戦友は皆、米軍の飛行機に攻撃されて戦死した。人生のはかなさを今回の飛行中に思い出した。YS11は国産初の旅客機です。中国内の輸送機の生産にお役立てください。」

ＹＳ11機は廈門―広州便に就航しました。後藤田氏はその後も靖国問題や教科書問題などの難題が持ち上がるたびに、日中両国の信頼回復に努めました。従甥孫の正純議員も、正晴氏の遺志を継ぎ日中友好に尽力されています。

３０００名の青年交流が行なわれた翌年の１９８５年、中国青年団５００名を博多港に迎えた時、乗組員１００名の受け入れ先が決まらず、山口と広島で受け入れました。帰国後、乗組員たちが当時の日本の運輸省に当たる交通部の老友、局さん、金さんに報告し、中国海洋局と海上保安庁の相互交流ができないものかと私に相談してきました。

国を超えた海の男たちの出会いが、両国の海上交通の巡視船交流として実現できたら…。尖閣・釣魚島の周辺での巡視船のパトロールとは異次元の、未来志向の架け橋を、上下町の海上保安庁の職員と中国交通部の職員の信頼関係が実現させせました。

郭沫若日本留学番組、中央テレビ・四川テレビ共同制作

１９８４年のことでした。３０００名の日中青年大交流の際、四川から西安、武漢コースへ青年連合会の連盟秘書長、四川テレビの孫剣英ディレクターが参加したのですが、四川省対外友好協会の熊大姐秘書長（中国外交学会理事、楽山出身）から、郭沫若の日本留学記を中央テレビと共同制作したいので、日中青年交流協会の協賛をお願いしたいとの要請を受け

ました。そして、さっそく3名の受け入れを決め、朝日高校、岡山大学、九州大学、千葉県市川市と連絡を取り、準備を進めました。

福山市では青年連盟の楠間康夫委員長が家業の金属加工業の合間に事務所の半専従をしており、西青年団の倉橋一雄団長と交代で動いて青年団の再生をめざしているところでした。そこで、楠間君が取材のキャラバン隊長になり、松山五郎先生の青葉台迎賓館をベース基地にして活動を開始しました。

孫剣英ディレクターは職員から「仕事の鬼」といわれる仕事人で、各地で鋭い質問を発し、同行していた高橋美智恵（四川生まれの帰国者、若葉塾日本語教室一期生で看護師の資格を取り医療活動に従事）もたじたじでした。

取材活動も順調に進み、四川テレビとの友好提携のために中国放送の平岡敬社長を表敬訪問した際には、ヘリコプターで広島県内と瀬戸内海を上空から撮影するという粋なはからいに皆感激しました。孫さんは西安から四川、雲南、ミャンマーという「南シルクロード」の番組に取り組んでいましたが、新たに海のシルクロード、日本の奈良への構想の話をしました。ヘリコプターは平清盛の音戸の港、宮島を眺め、倉橋島などの島々をめぐり、遣唐使船を思い浮かべたりしました。

その後、市川市に入って思わぬ出会いがありました。東日本放送の橋浦将猛ディレクターによる郭沫若夫人・佐藤をとみ（福島県出身、東京京橋病院看護師）の番組制作チームとの運命的な出会いです。

佐藤をとみ夫人と子どもたちは日本に滞在し、何度か中国行きを計画しました。しかし、郭沫若は市川から船で帰国し、延安の毛沢東の元へ行き中国革命に参加。文化界の団結に先進的役割を果たし、各地を転々として連絡不明。夫人は日本での困難な生活に耐えて、中華人民共和国建国後、中国へ渡り郭と再開。文化大革命の嵐の中で、試練に耐えて子どもたちを育てました。思わぬかたちで東日本放送と四川テレビの橋渡しをすることになりました。

本題の「郭沫若、日本留学記」は、ラストの日本からの帰国の映像を、松山五郎先生演じる和服姿の郭沫若が下駄履きで官憲の手から逃れて船に乗るシーンで完結。青葉台迎賓館で帰国前日に撮り終えました。

番組は四川テレビと中央テレビで全国に放送され、四川省では20回も放送されたといいます。日中の医学生と看護師の出会いにとどまらず、日中戦争と戦後の両国関係の歴史的映像としても高く評価されたのです。3000名の青年交流が生み出した快挙です。その後も次世代の若者の交流を中国国内に伝えるために、報道関係者の普段着の参加を呼びかけました。パンダ展覧会、四川ママさんバレーボール団、少年芸術団など、多くの交流が報道されました。

また、東北朝日放送の社長になった橋浦さんも、さとう宗幸中国コンサート、東北大学魯迅像の除幕式、藤野先生などの番組制作で成果を上げ、杜の都の存在感を高めました。

笹山徳治さんとの出会いは今から40年前だった

東日本放送元チーフ・プロデューサー　橋浦愛武

笹山徳治さんと私の出会いは30年前だった。当時私は仙台市にあるテレビ局東日本放送の番組制作チーフプロデューサーをしていた。その時、私は初代中日友好協会会長郭沫若の取材をしていた。といっても私が追いかけたのはその奥さんの佐藤おとみさんの方だった。というのも、おとみさんが宮城県の出身だったからである。

ある日、何気なく地元紙を見ていた私の目にこんな記事が飛び込んできた。中国・四川省のテレビ局の取材団が日本で郭沫若の取材をしているというものだった。福岡で取材中というので、すぐ私が以前勤めていた福岡のRKBに電話を入れて取材団のことを問い合わせた。取材団は既に広島に移動していた。調べた結果、福山の笹山さんという人が取材団のお世話をしていることが分かった。そこで笹山さんに電話をかけてやっと取材団と接触出来た。すぐ福山に飛んで笹山さんや取材団の人たちと出会い、情報を交換出来た。それが笹山さんとの最初の出会いだった。その後、笹山さんから広島の訪中文化代表団に参加させて貰い訪中、四川電視台を紹介していただいた。

その最初の四川電視台への訪問で、四川と仙台との文化交流が出来ないかと提案された。そして実現できたのがさとう宗幸さんの四川公演だった。四川省内で3公演、広東省内で3公演の6公演が実現出来た。さとう宗幸さんにとって「青葉城恋唄」の大ヒットから10年、最初の海外公演となった。勿論、笹山さんにも帯同願った。この6公演はいずれも満員の大盛況となり、中には公演を途中二部に分け別々に販売して入れ替えするなど、仰天の状態もあった程だった。

その後、1988年に、四川電視台訪日代表団が東日本放送を訪問、翌1989年には成都市の四川電視台で姉妹局の調印が行なわれた。以後、両局の間で、ニュース・番組の交換、共同制作、文化交流が行なわれている。東日本大震災の際は四川電視台から取材陣が宮城県入りし、東日本放送を拠点に取材、ニュースを四川電視台を通して放送している。

仙台は、文豪魯迅が若かりし頃、当時の仙台医学専門学校（現在の東北大学医学部）に中国人留学生第1号（110年経った現在は1000人の中国人留学生が在籍）として留学していたことでも有名である。魯迅（本名周樹人）は、医学生として仙台で勉学に励んでいたが、あるきっかけで医学の勉学を止め、文芸運動の道に変わった。このへんの経緯は魯迅の小説「藤野先生」でも有名である。現在、旧仙台医学専門学校の跡地に魯迅の胸像が建っているが、この胸像設立についても笹山さんに負うところが大きい。当時は丁度日中国交正常化20周年にあたり、日中友好親善を祈念して、東日本放送の呼びかけで設立が実現した。広州美術大学彫刻科の曹崇恩教授の製作になるもので、正面の題字「魯迅先生像」は当時の西沢潤一学長に揮毫していただいた。また、台座裏には、東北大学菅野俊作名誉教授の文章で魯迅についての銘文が書かれている。後に江沢民首席来仙の折に東北大学片平キャンパスにあるこの胸像をご覧になったといわれている。この胸像設立でも笹山さんに力を貸してもらった。

このようにこの30年の付き合いの中で笹山徳治さんにはいろいろお世話になった。心から感謝申し上げます。

遣唐使船、海のシルクロード・鞆の浦から上海呉淞へ

1985年、石川雅敏さんを船長とする福山のヨット愛好家たちが、「上海訪問遣唐使クルージング」を計画。協力依頼を受けた私は、上海市の関係者に連絡してOKをもらいました。ただし、確認のため、目印の旗を決めるようにと言われました。

私は、準備中の機材を見ながら、吉備真備、阿倍仲麻呂の時代の船の装備に想いを馳せました。船大工の技術や、食糧、水、天候予測など、先人たちの勇気と知恵が偲ばれました。そして、当時の政権の新しい文化と政治体制への思い、周辺諸国の平和な関係がなければ実

現できないことだったでしょう。突然の来客を受け入れた唐。その国の仏教、土木、建築、薬学などを学び、奈良（国の意味）建設に活かした指導者たち。偏狭な民族主義では不可能な許容力。鑑真のように何度も遭難にあいながらも不屈に切り開いた海のシルクロード。想いは尽きません。

次世代につなぐ相互理解、相互扶助の精神

平山郁夫画伯の南京城壁修復ボランティア、白西伸一郎日中協会の南京市への追悼植樹活動、高見邦雄氏の緑の地球ネットの山西省３０００万本の植樹、菊池豊氏、平泉町、衣川村村長の内蒙古植樹と、多くの日本人が過去の負の遺産を未来の青年へのメッセージを込めて引き継ぐ努力を行っています。数えきれない日中双方の無名戦士たちの戦い、憎しみの連鎖を断ち切り、友情を育む出会い、教育への投資、多文化共生の社会実現への挑戦、その多くが民間の草の根団体・個人によってなされてきました。

偏狭な一国主義、相手を知ることをしない、一部メディアの迎合主義でない、冷静な報道と情報分析、行動が今ほど問われていることはありません。私たちは、引っ越すことのできない隣国という地政学的条件のもとにいるのです。一部の政治家の排外主義、歴史観に振り回されることなく、物事の本質を見抜く力を身につけ、相手の国、人々を知ることが求めら

れています。

内蒙古自治区の老兵・金海如秘書長は、定年後、自費で日本語教育センターを建設して、日中友好の人材育成を行ない、日本へ数千人、各種留学生を派遣してきました。青年時代に山口県に留学した金海如氏は、食糧難の時代に、中国人排斥の世論にもかかわらず、親切な近所のおばさんに焼き芋の差し入れをもらった思い出は忘れることのできない記憶として残っているといいます。人民はいつでも助け合う、相互扶助の精神に励まされたと、中国新聞の田中伸武記者に語っています。

下宿を探してもなかなか見つからなかったこと。学位を授与され、帰国して母親に報告したら喜ばれたこと。文化大革命の試練に耐えて、自治区の政治指導者になられても、「われわれの活動に定年も引退もありません。世々代々日中友好のために尽くすのみ」と語る老兵・金海如氏は永遠なり！

備後、後に備える助け合い

ビンゴゲームは世界に知られていますが、漢字の備後を私は「後に備える助け合い」と翻訳しました。

福山の開祖・水野勝成は60歳で福山藩へ赴任し、浪人中にお世話になった人々を頼りに、城や街の整備を進めました。そして80歳で定年退職を迎えて、3代将軍家光から得た3万両の借入金（退職金）で、干拓、新田開発、ため池、福山の上水道事業へと、江戸に次ぐ2番目の都市基盤を整備しました。

浪人中にできた息子は江戸屋敷の暴れん坊で、諸藩とのいさかいが絶えず人々を困らせていましたが、江戸の火事を消す火消し組の大将として活躍し、今日の消防団の基礎をつくりました。そして、幕末の飢饉に藩政の力の及ばない中、町の町人、庄屋の有志でお金を自主的に出し合い、被災者を救済する「義倉社」を独自に設立して救済に当たりました。

こうした備後の相互扶助の伝統を今に活かし、神辺の西尾道屋本陣の生まれである菅波茂医師の提唱するＡＭＤＡが生まれました。

さるかにの里山へ太陽光発電所

自然災害や人災に備えていく取り組みが急務です。自然エネルギーの普及が再考されるかと思えば、再び原子力ムラの妖怪が東日本大震災の教訓を無視して原発再稼働に動いていきます。広島、長崎、福島の犠牲者たちの、丸木夫妻の描いた阿鼻叫喚の図を忘れず、できることは明日に伸ばさずにやる。

幸いにも、里山の荒れた山里に自然エネルギーへの挑戦が始まりました。さるかにの里山へ「備後環境省エネ会議」のＢＥＥＮの事業を弟たちが継承して、太陽光発電所の事業を起こして発電所が動き始めます。

笹山幸造、重正優治の並々ならぬ協力により出来上がり大変嬉しく安心致しました。

東南アジアの医療活動、海のシルクロードの営みを加速

カンボジアでも、Dr. Somana研修医らが、プノンペンに病院を開業。有機農業の農場と水産事業にも動きを加速させています。

マレーシアとインドネシアでも、ＡＭＤＡの菅波茂氏が提唱する医療の平和構想が進んでいます。日本の医療技術や高度な医学の共同研究をめざす相互理解が進み、アジアの国々の大学、病院の多文化共生が進んでいます。

また、日本文化の里山の宝である錦鯉と食文化、和食の村おこしが、さるかにの寺子屋で研修生を受け入れる方向で見え始めています。アジアの息吹に刺激を受けて、遅ればせながらシルクロードの館の旅人をもてなす取り組みに弾みをつけています。その漕ぎ手の養成が急がれます！

AMDA菅波茂氏が提唱する医療の平和構想が少しずつ実を結び始めている。

四川・人民政府顧問就任
＝2010年8月13日

四川省の省長と会見＝2010年8月13日

アジア国際災害医療緊急援助中日災害医療科学研究会での筆者・笹山徳治

四川省・成都＝2010年8月13日

アジア国際災害医療緊急援助中日災害医療科学研究会で話す菅波茂氏

アジア国際災害医療緊急援助中日災害医療科学研究会で

未完の群像

多くの先輩のご指導で、未熟者ながら何かを求めて、出会いの旅も、砂漠の蜃気楼のように、見えては消えていく自然界の営みに酔いしれて目を覚まします。

思えば、里山から難波の大阪へ出かけ、アジアへの旅へ出かけ、隣国の中国の息吹を知り、吉備岡山で教育者の手習い仕事を、そして備後の福山で寺子屋・若葉塾を創設、青年団の村おこしと国際交流へ、戦争の被害者難民救援活動に、残留日本人帰国者の自立支援、アジアの人材育成交流、文化芸術家の出会いと演出、村おこしのさるかに共和国建国、環境と自然エネルギーの里山再生と、夢が続く中、物語の主人公として登場いただいた先輩たちを順不同に概略紹介して、読者の理解を深めていただければ幸いです。

イエム陸軍中将：タイ軍の東北タイ、首都防衛責任者として、第二次世界大戦、朝鮮戦争、国連軍タイ軍司令官として、日本駐留引退後、ＰＴＡ、ボーイスカウトの会長として、世界の青少年交流、日本との文化・医療の交流に貢献。ＡＭＤＡ菅波茂代表、瀬長たかしと交流。

モンコール・パニト学長：アントン出身の教育者、大学学長、職業教育の専門家。バンコクアジア大会の受け入れ、大学関係者の訪日、国際援助機構タイ会長として、日タイ親善に尽力。さるかにのバンコク訪問団受け入れなど、イエム将軍の遺志を継いで、述べ１５０名のタイ代表を日本に派遣。

スパポンタン：大学日本語教師、パニト会長を支えて事務局長を務める。華人の3世。
Dr.レパノン：マヒドール大学教授。医療バスを国王の基金会で農村支援に。
Dr.ダルニ：カセサート大学水産研究所研究員。広島大学留学。日タイの青年交流に貢献。華人3世。

金海如：中国内蒙古自治区人民政府秘書長。戦前、山口経済専門学校（現・山口大学）に留学。新華社東京特派員。自治区の外交、政治をウランフ国家副主席時代から担い、後継者育成のために日本語学校を設立。息子の金静氏は東京工業大学留学。金峰社会科学院教授。乳酸菌、遺伝学の専門家。東京大学博士課程修了。家族は皆、日本との友好に貢献。

馬頭《バトル》：内蒙古人民政府主席。青年連合会主席の時、1985年に日中青年友誼の碑、青年交流責任者。

劉雲山：新華社通信記者から内蒙古青年団責任者として、日中青年友誼に貢献。1984年、内蒙古歌舞団と来日。1カ月の民間交流で牧畜家育成研修生を派遣。現中国共産党政治局常務委員、書記処書記。

尼馬：内蒙古青年連合会秘書長、政治協商会議秘書長として日中交流を推進。低酸素協会の省エネ代表団、風力発電社長と来日、日本の若者の受け入れに尽力。

サレン：舞踏家。2度来日。現在はアメリカで活躍。弟トンゴールは有名な歌手。モンゴル人。

烏日那：内蒙古人民病院医師。日本で日本語と医療の研修を受ける。わが家の両親に日本語の指導を受け、帰国後、都市間交流の外交担当に。

劉世昭：人民中国カメラマン。万里の長城、杭州—北京間自転車で3000㎞取材。長江の蜀の山道、寒村の写真で世界の観光村おこし。四川地震の取材。広州世界平和公園。日本で四川地震写真展。新市町美術展へ内蒙古の草原写真等。中国を代表する写真家。

劉炳森：中国書道協会副主席。中日21世紀委員会中国代表。（日本側　平山郁夫東京芸大学長）大楽華雪二人展。85年書画10人展国際青年記念、福山天満屋で開催、笹山宅に民宿。

王達祥：中華全国青年連合会副秘書長。胡耀邦通訳。日本の青年団体との窓口。新市中国学院（伊豆田雪岳学院長）開校記念文化講演会。新市で大使館文化参事官。北京音楽学院訪日団団長として福山、府中、広島へ。

黄世明：中日友好協会副会長、毛沢東、周恩来、その他要人の通訳。神戸生まれ。

林麗温：台湾帰国華僑協会主席。72年日中国交回復、田中角栄、毛沢東、周恩来通訳。

林国本：北京レビュウ編集人。ブロガー。日中青年交流協会記念講演会、福山へ。

孫偉：神戸大学留学。絵画専攻。日中の若手起業家はとの協会副会長。ハルピン出身。父親は解放後、林豹将軍の秘書として、東北の解放に参加。兄妹は解放軍の医師。

李華養：広東省花弁会社社長。日本でバラの研修を受け、帰国後、企業を起こす。全国12ケ所の関連会社、広東、仏山、中山、他に、花博覧会を運営。

王洪昌：広東国際投資公司の旅行部門社長。海外への旅行客送り出す経営の改善を進める。文化学術ツアーを企画。日本ツアーの企画等。
箱井幸恵：和食なりこまの女将。広東へ留学。広東との交流に㈱国際交流開発に参加。和食文化の伝承とアジアへの取り組み。
西谷啓：美仙堂薬局社長。広東中医薬大学留学。漢方の専門家。
東屋隆三：漢祐院院長。武術太極拳の指導者。福山での太極拳の普及に尽力。
伊豆田雪岳：毎日書道会。書道家。新市中国学院院長。新市美術家協会の再建に尽力。
藤原芳山：書道家。高校長。新市美術家協会の再建に尽力。
井上秀紅：画家。新市美術家協会の再建に尽力。
林幹人：画家。教師。小学校長。新市美術家協会の再建に尽力。
児玉文男：福山市連合町内会役員。町議。社会福祉協議会。地域起こしの達人。
濱本桂三：比治山大学陶芸教授。版画家。
渡辺当石：さるかに窯の製作に弟子秋田聖子氏と参加。中国の美術界の長老・李平凡講演会を80年代に大学で。日中文化交流に貢献。
平岡敬：広島市長時代アジア大会。一国公民館運動でアジア理解を推進。カンボジア広島ハウス建設。カザフスタン、セミパラ被爆者の支援に。市長退職後も各種草の根運動に尽力。四川TVとの姉妹提携に尽力。平和の課題でハーグ国際司法裁判所に、アメリカの原爆投下を戦争犯罪として訴え。核兵器のボタンを持参して謝罪のないオバマ大統領の広島訪問に際し、常に被爆地であると同時に、軍都の歴史を持つ広島の立ち位置から、ジャーナリストの報道のあり方に疑問を提起される。中国放送社長。

村上毅：因島水軍の末裔。造船技術者として大連で技術指導。BEEN省エネ推進の立役者。因島、瀬戸田講演会の責任者。環境、自然との共生に内蒙古植林へ参加。さるかにの村おこしのアドバイザー。

山岸善忠：京都大学農学博士。宮崎大学客員教授。さるかにのアドバイザー。四川大学防災学院環境シンポジウム、広島からの提言基調提案。内蒙古低炭素協会との交流。BEENの常任講師。さるかに自然大学学長。

田上賢一：太陽エネルギーのアドバイザー。BEENの旗振り役。さるかに「木の絵本」推進。内蒙古風力発電、自然エネルギーシンポジウム。油木、瀬戸田、三良坂、上下、庄原、新市で開催。

高橋民雄：四川料理又来軒社長。福山、岡山、倉敷、高松、上海で展開。青年起業家。日中両国の食文化の普及に貢献。

石井義明：石井工業社長。帰国者の青年事業家。各種青年交流に参加。日本語教室の一期生。

浜田博志：濱商社長。青年団運動に参加。ブラジル、ロシア青年団受け入れ。さるかに特産品製作に尽力。同期生。
飯田豊：工務店社長。さるかにの建設大臣。さるかにの館、関所、工房など建設に参加。お茶、花の師匠。
内田吉章：さるかに工房代表。民芸品陶芸。さるかに共和国第4代大統領。中学校長。さるの彫刻招き猿の制作。特産野菜の生産。子どもたちに森と楽しむ自然体験の推進。
天野宜久：文化財委員。さるかに民話の建国人のひとり。小学校長。日タイ親善アジア大会へ参加。郷土史研究家。
松尾洋治：自民党県連事務局長。タイ訪問、中国など国際交流を大山広司、新田あつみ、檜山俊宏議長と推進。タイ・イエム将軍PTA代表広島訪問に尽力。
栗原立夫：町議。町おこしの旗振り人。年金門題、森林整備に尽力。
平田博雄：町議。農協の役員。民謡、囲碁道場を開き、青少年の育成。
谷田勝利：町議。さるかに応援団。シアトル少女100名受け入れ、教育交流。
岡田辰夫：上下町議。BEENの講演会推進。村おこしの旗振り人。法界山世話人。
寺田達雄：朝日森林文化協会編集人。さるかに、子ども、環境キャンプの講師。アジア、シベリアの森林保全、里山保全に尽力。父親は元岡山市長・寺田熊雄。
佐々木一人：さるかに木の絵本デザイン担当。自然派。田舎暮らしの推進。
渋谷勝人：備後絣の村おこし。さるかに子どもキャンプ推進。健康の食文化研究家。

徳山行栄：木の絵本責任者。
岩田とし子：菊の生産と荒れる棚田の活用。毎土市の世話人。
鉾崎春美：さるかにの建国以来の仕事人。民泊の世話人。木の絵本製作に参加。
徳山秀幸：さるかにの里山保全に参加。とりで、関所、各種事業の旗振り人。
宮田しずこ：さるかにカラオケ大会提唱。里山の守護神的存在。詩吟教室指導者。
山下洪：さるかに草刈十字軍の世話人。殿山砦建設。各種事業に参加。
重西孝志：さるかにのモニュメント製作に建国以来参加。さるかに焼き工房、砦、関所、さるの彫刻制作。
永久仁恵：さるかに草刈十字軍世話人。さるかに陶芸窯建設。秋祭り、里山保全に参加。
永久誠：営林署の職員。山形の荒れる里山への挑戦。チエンソーの講習会指導者。
松田敏：さるかにの里と町の架け橋役。草刈十字軍世話人。カラオケ大会提唱。木の絵本アドバイザー。
香坂孝：木の商品、尺八、特産品製作。作家。草刈十字軍世話人。
上田実：さるかにうどん推進。子ども服製造。さるかに民話の町おこしに商工業者として参加。同期生。
藤原剛：さるかに共和国建国の立役者。同期生。ＢＥＥＮ世話人。タイ、海外と英語力で交流促進。第２代さるかに大統領。さるかに水遊館、自然観察会、水辺の魚、鯉、金魚、め

だかの養殖、なまず生産。世話人、楠木、永久公也、豊田

星野公昭：緑の少年団自然キャンプ世話人。オーストリア・ウィーン合唱団民泊推進。さるかに町おこしアドバイザー。

佐々木大介：土佐中村人。大阪経済大学情報社会学部非常勤。法務省入管局難民認定室長。札幌入管局長他。難民問題の専門家。語学研。政治的未解決事件、金大中氏の拉致事件に大阪港の現場での捜索、捜査に参加。外交と現場第一で取り組む。

鉾崎秀子、梅沢良枝、小田富子、坂本益子、越田良枝、柳原フジエ、重西、平林、多くの人々の協力に感謝致します。

あとがき

２０１５年の12月、カンボジアのソマナ医師のクリニック建設へ行って体調を壊し、李華養社長の手配で広東の病院で検診を受けました。そこで、日本での治療を指示されて帰国、緊急に倉敷中央病院の有田真知子医師や多くの関係者の手厚い看護のおかげで、文章の作成に耐えるまで体調を回復しました。療養中に菅波茂ＡＭＤA代表より励ましの電話をいただき、「今までの数奇な生き様や日中関係、アジアの人々、それらをまとめて本にしよう」との提案をいただき、できるかな？ と不安の中、吉備人出版・山川社長との出会い、ライターの杉村雄次さんはじめ、若葉塾の松山五郎氏、石川一郎氏、激励に病院まで駆けつけてくれた加藤進、星野公昭、客本謙一、佐久間順平、小野惣一、箱井幸恵、小島達也、あさひ塾社長、森田秀之社長、観光ポイントタクシー三吉社長、岡本画伯に感謝！

雲南地震以来の清水直樹内科医院院長、久世一郎社長、さるかに民話の里とれとれ市場、永久名誉大統領、日下輝志、名誉顧問文香、新大統領内田吉章、児玉真一、永久友子、梅沢和士、畑米子。福山毎土市には、奥田ヤスコ、福森恵美、大石武夫・文子夫婦、ハーモニカ

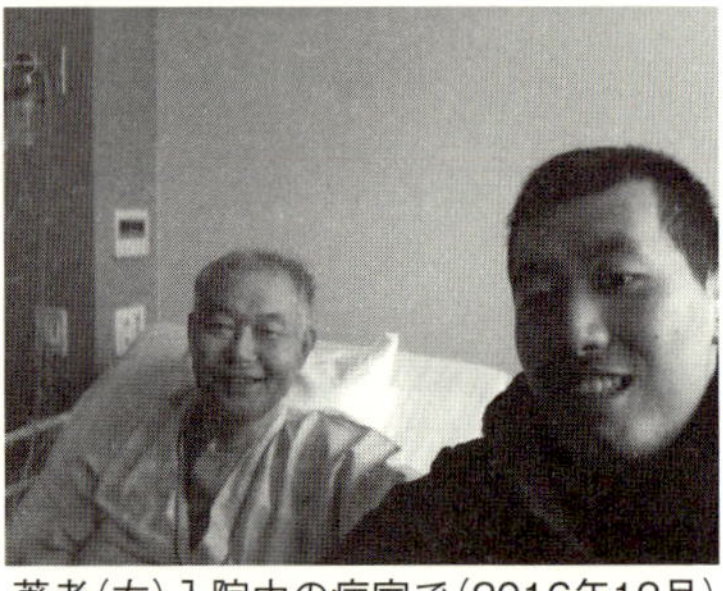

著者（左）入院中の病室で（2016年12月）

演奏者の徳本夫妻、魔術師滝口誠社長、同期生の板野篤男、中山康二、多くの激励に感謝申し上げます。広東省人民政府の欧楊江旋、彫刻家曹崇恩・林蘇華夫妻、李華養広東維生会社社長、百川錦鯉・鄭群佐社長、内蒙古の金静、金峰博士、四川省の黄功元、李強、各界の老友たちに感謝。

この本を書き上げている際にも、アメリカ大統領の核の発射ボタンを持ち込んでの広島訪問、平岡敬元市長の談話「謝罪のない訪問の意味は?」……。

大統領選挙での大方の予想を超えるトランプ氏当選。アメリカの銃で黒人を射殺する人権感覚をはじめ、他民族への排斥を掲げる新大統領と世界はどのように向き合うのか? ＥＵの統合以来の危機。難民問題。沖縄の人々「ウチナンチュ」の日本国憲法で守られているかの問いかけ。国内の東北地震の被災者の支援や、子どもたちへの差別。熊本地震が起きることで、南海トラフの地震災害への避難と予測できない事象。これらにいかに立ち向かい、自立共生、相互扶助、平和な地域社会を実現するための「反面教材」に、この本が何かの一助になれれば幸いです! つたない文章力を許容していただいて、思い違いや意味不明の表現にご理解を賜れば幸いです!

２０１６年12月吉日　感謝!

笹山徳治

著者笹山徳治は、２０１７年2月13日、特発性間質性肺炎のため死去しました。ここに生前のご厚誼に深く感謝いたしますとともに謹んでお知らせいたします。

まさに疾風怒濤のように生きてきた兄・徳治は、本書の刊行に残されたエネルギーのすべてを注いでおりました。膨大な資料、写真を病室に持ち込み、記憶の限りを言葉とメモにして残しました。

しかしながら、原稿の全体像を書き残すことが精一杯で、原稿の見直し、校正、関連写真、資料などの整理は、残念ながら不十分な状態のままでの他界となりました。

その後、遺族や関係者をはじめ、出版社の協力も得ながら可能な限りのチェック、写真の整理を行いましたが、本人にしかわからない事柄やお名前が曖昧なままでの出版に至りましたことを亡き兄徳治になりかわりまして、お詫び申し上げますとともに何卒ご理解ご容赦賜りますようお願い申し上げます。

笹山幸造

■著者紹介

笹山徳治（ささやま・とくじ）

1951年2月8日　広島県芦品郡新市町（現在の福山市新市町）生まれ。

1972年、日中国交回復直後、大阪経済大学在学中に関西青年代表団の一員として訪中。卒業後岡山日大高校（現在の倉敷高校＝倉敷市）の社会科教員として教壇に立つ。その後福山市に戻り、福山市日中友好協会の結成、中国からの引揚者のための若葉塾の開設など、中国、カンボジア、タイなどアジア各国との友好交流に尽力する。1996年中国・雲南での大規模地震での支援活動などを通じて認定特定非営利活動法人AMDA（国連経済社会理事会総合協議資格NGO）との連携を深める。一方地域づくりにも奔走し、「自立・共生・平和」を掲げた「さるかに共和国」を結成し、地域の人たちと共に地域再生、環境保護など精力的に活動の輪を広げた。2017年2月特発性間質性肺炎のため本書の刊行を見ずに死去。享年67歳。

さるかに共和国建国宣言　多文化共生の若葉塾物語

2017年7月31日　発行

著　者　笹山徳治

編集協力　菅波 茂　松山五郎

発　行　吉備人出版
〒700-0823 岡山市北区丸の内二丁目11番22号
電話 086-235-3456　ファクス 086-234-3210
ホームページ　http://www.kibito.co.jp
Eメール　books@kibito.co.jp

印　刷　株式会社三門印刷所

ISBN978-4-86069-508-8 C0095